Çocuklar İçin

# ELİF BE

(boyama, kesme, yapıştırma etkinlikli)

Melek BOZDOĞAN
Murat BOZDOĞAN

**MURAT BOZDOĞAN**

1974 yılında Almanya'da doğdu. İlköğrenimine Almanya'da başladı. İlk, orta ve lise öğrenimini Osmaniye'de tamamladı. 1996 yılında Dokuz Eylül Üniversitesi, Mühendislik Mimarlık Fakültesi, Elektrik-Elektronik Mühendisliği Bölümü'nden mezun oldu. 2011 yılında Kahramanmaraş Sütçü İmam Üniversitesi, Sosyal Bilimler Enstitüsü, Felsefe ve Din Bilimleri Anabilim Dalı, Din Psikolojisi Yüksek Lisans Eğitimini tamamladı. 2015 yılında Sakarya Üniversitesi Sürekli Eğitim Uygulama ve Araştırma Merkezi, 4-6 Yaş Grubu Çocuk Eğitimi ve Etkinlikleri eğitimi aldı. Misal Gençlik Eğitim Kültür ve Yardımlaşma Derneği yöneticiliği yaptı. Kahramanmaraş DSİ 20. Bölge Müdürlüğü'nde görev yapmakta olup, ayrıca Kahramanmaraş'ta eğitim faaliyetleri, yazarlık ve eğitim materyalleri hazırlama çalışmaları yapmaktadır. Evli ve üç çocuk babasıdır.

**MELEK BOZDOĞAN**

1978 yılında Osmaniye'de doğdu. İlk ve orta öğrenimini Osmaniye'de tamamladı. Osmaniye İmam Hatip Lisesi'nden mezun oldu. 1998'de Erzincan Üniversitesi'nde İlköğretim Matematik Öğretmenliği eğitimine başladı. Açık Öğretim Fakültesi, Türk Dili ve Edebiyatı Bölümü'nde eğitim aldı. 2015 yılında Sakarya Üniversitesi Sürekli Eğitim Uygulama ve Araştırma Merkezi, 4-6 Yaş Grubu Çocuk Eğitimi ve Etkinlikleri eğitimi aldı. Misal Gençlik Eğitim Kültür ve Yardımlaşma Derneği kurucusudur ve aynı dernekte yöneticilik yaptı. Kahramanmaraş'ta eğitim faaliyetleri, yazarlık ve eğitim materyalleri hazırlama çalışmaları yapmaktadır. Evli ve üç çocuk annesidir.

بسم الله الرحمن الرحيم

# İÇİNDEKİLER

# Önsöz

Okul öncesi dönemde, çocuklara Elif Be eğitimi verilmesi ve Kur'an-ı Kerîm okutulması, onların hem manevi dünyalarına katkıda bulunmakta, hem de zihinsel gelişimlerini desteklemektedir. Bu dönemde Kur'an-ı Kerîm okumayı öğrenen çocukların, okul döneminde okuma-yazma öğrenme süreci önemli ölçüde kısalmakta, farklı derslerin anlaşılması ve öğrenilmesi kolaylaşmaktadır.

3-4 yaşında bir çocuk 4-5 aylık eğitimle, 5-6 yaşındaki bir çocuk ise 1-2 aylık eğitimle Kur'an-ı Kerim okumaya başlayabilir. Ancak bu yaşlardaki bir çocuğun uzun süre ilgisini herhangi bir konu üzerinde yoğunlaştırması mümkün değildir. Bu yüzden eğitim tamamlanıncaya kadar ilginin canlı kalmasını sağlayacak yöntemlerin uygulanması gerekir.

Çocukta ilginin sürekliliğini sağlayacak bazı yöntemler şunlardır:

- Eğitim süresince sadece kitap kullanılmamalı, her konu için ayrı etkinlikler hazırlanmalı, farklı eğitim materyalleri kullanılmalı, bilgisayar programlarından faydalanılmalıdır. Eğitimin oyuna ve eğlenceye dönüşmesi sağlanmalıdır.
- Kesme yapıştırma türü etkinliklere çocuğun da katılımı sağlanmalı, bir seferde hazırlanıp çocuğa verilmemeli hazırlık aşamasında da okumasına ve öğrenmesine imkan verilmelidir.
- Evde kısık sesle Kur'an-ı Kerim dinletilmesi hem çocuğun mahreçleri doğru çıkarmasını sağlar, hem de önceden dinleyerek aşina olduğu kelimeleri okuduğunda ilgisinin artmasına neden olur. Ayrıca sureleri daha kolay ezberlemesine yardımcı olur.
- Günlük hayatta kullandığı Türkçe kelimelerin Arapça harflerle yazılması ve okutulması çocuğun ilgisini artıran çok önemli bir faktördür. Türkçe kelimelerle birlikte konuyla ilgili resimlerin kullanılması da çocuk için ilgi çekicidir.
- Yeni bir konuya başlanıldığında, ilk zamanlarda çocuğa nasıl okuyacağı ile ilgili fazla teorik bilgi verilmemeli, harflerin renklerine dikkat çekilmelidir. Örneğin med harfleri öğretilirken renkli harflerin uzun okunacağı söylenmelidir.
- Çocuğun aynı yaştaki başka çocuklarla birlikte eğitim alması ve birbirlerini teşvik etmeleri sağlanmalıdır.
- Uygun aralıklarla ödüllendirme ile zayıflayan ilginin yeniden canlanması sağlanmalıdır.
- Kur'an eğitimi tamamlandığında çocuğun arkadaşları davet edilerek kutlama yapılmalıdır.

Kitabı uygulayacak anne, baba, eğitimci ve çocuklara başarılar dileriz.

Melek BOZDOĞAN
Murat BOZDOĞAN

# Harfler

Kur'an-ı Kerim aşağıdaki harflerden oluşur. Harfleri öğrenelim ve istediğimiz renklere boyayalım.

E – (Elmanın E'si)

Öğrenmeyi kolaylaştırmak ve zaman kaybını azaltmak için harfler isimleri ile değil üstünlü okunuşları ile, örneğin Elif, E olarak; Cim, CE olarak; Sin, SE olarak öğretilmelidir. Harflerin isimleri eğitim sürecinin sonuna doğru öğretilebilir.

## Etkinlik Önerisi

- Çocuğun resimler içerisindeki harfleri bulması istenebilir, böylece resimlerle harfler arasında ilişki kurması sağlanmış olur ve öğrenme kolaylaşır.
- Harflerle boyama ve kesme çalışmaları yapılabilir. Kesilen harfler mukavvaya yapıştırılarak kartlar oluşturulabilir.
- Harflerle ilgili resimler kullanılarak hikaye üretilmesi, konunun kolay öğrenilmesini sağlar ve unutulmasını engeller.

TE – (Tencerenin TE'si)

BE – (Beşiğin BE'si)

CE – (Cevizin CE'si)

SE – (Sepetin SE'si)

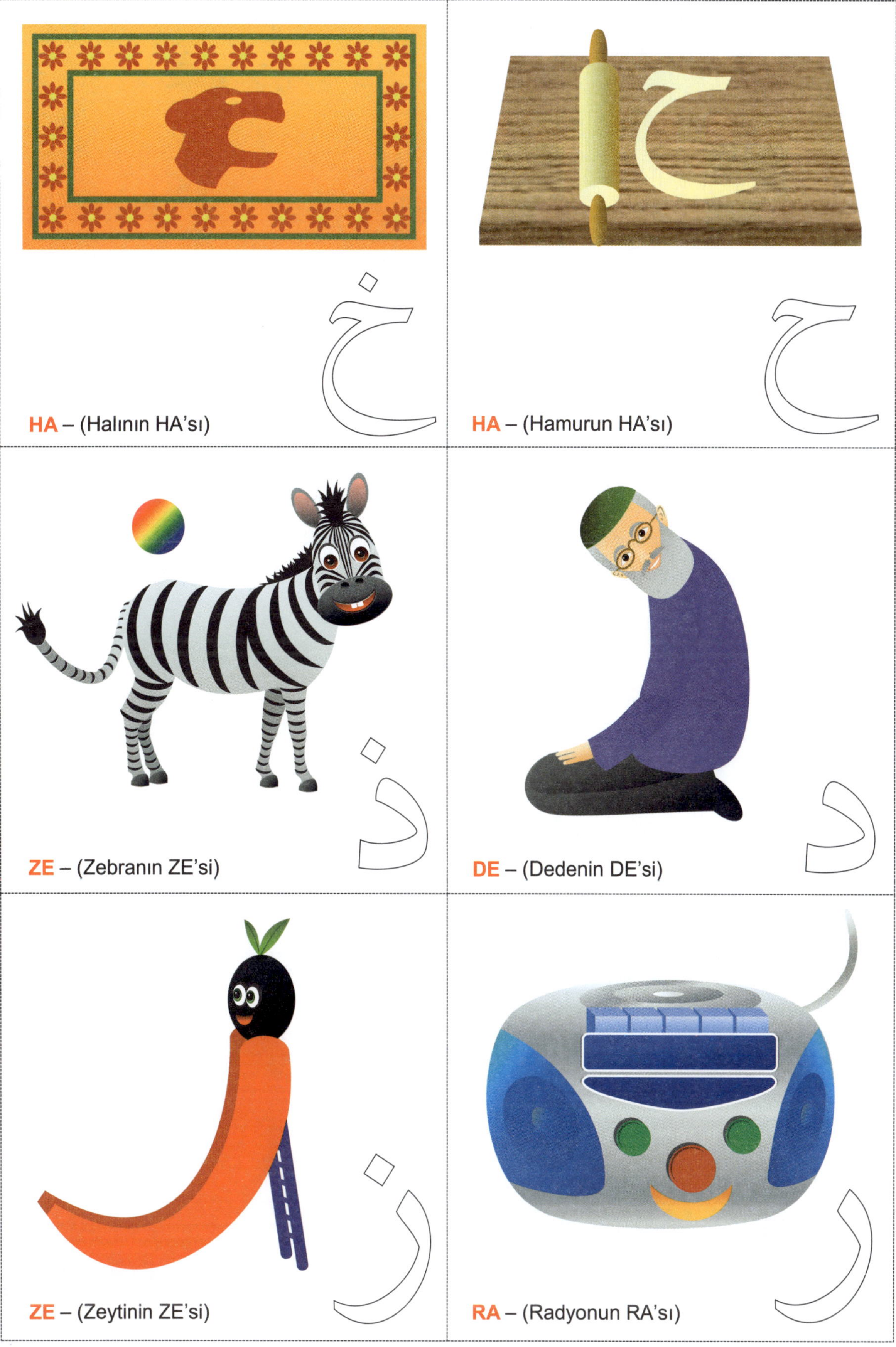

HA – (Halının HA'sı)

HA – (Hamurun HA'sı)

ZE – (Zebranın ZE'si)

DE – (Dedenin DE'si)

ZE – (Zeytinin ZE'si)

RA – (Radyonun RA'sı)

ش
ŞE – (Şekerin ŞE'si)
Sevimli
Sincap
س
SE – (Sevimli'nin SE'si)
ض
DA – (Dağın DA'sı)
ص
SA – (Salyangozun SA'sı)
ظ
ZA – (Zarfın ZA'sı)
ط
TA – (Tavşanın TA'sı)

ĞA – (Gazetenin ĞA'sı)

'A – (Ayının A'sı)

KA – (Kaplumbağanın KA'sı)

FE – (Fenerli'nin FE'si)

LE – (Leyleğin LE'si)

KE – (Kelebeğin KE'si)

ن
NE – (Nenenin NE'si)
Meraklı
Maymun
م
ME – (Meraklı'nın ME'si)
ه
HE – (Helikopterin HE'si)
و
VE – (Veli'nin VE'si)
Yeşil
Yılan
ى
YE – (Yeşil'in YE'si)
لا
LÂ – (Lambanın LÂ'sı)

## Resimleri Eşleştirelim

Resimleri uygun şekilde eşleştirelim ve bize hangi harfi hatırlattığını söyleyelim.

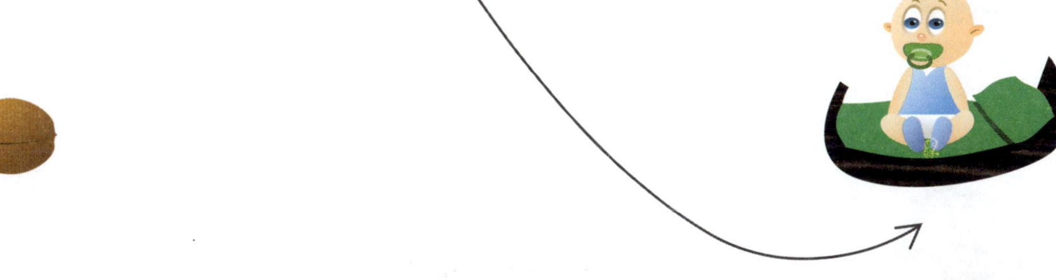

## Harflerle Resimleri Eşleştirelim

Harfleri uygun resimlerle örnekteki gibi eşleştirelim.

## Harflerle Resimleri Eşleştirelim

Harfleri uygun resimlerle eşleştirelim.

## Harflerle Resimleri Eşleştirelim

Harfleri uygun resimlerle eşleştirelim.

## Üstün

Üstün işareti, açık yeşille gösterilen harfleri "e", koyu yeşille gösterilen harfleri "a" sesiyle okutur.
Üstünün, harfi resimden bağımsız okuttuğu, örneğin "elmanın E"sini, "E" yaptığı anlatılmalıdır.

| | | | | |
|---|---|---|---|---|
| ثَ | تَ | بَ | أَ | Çocuklara üstün işareti öğretilirken "şapka" olarak adlandırılabilir. |
| ذَ | دَ | خَ | حَ | جَ |
| صَ | شَ | سَ | زَ | رَ |
| غَ | عَ | ظَ | طَ | ضَ |
| مَ | لَ | كَ | قَ | فَ |
| يَ | لاَ | هَ | وَ | نَ |

# Etkinlik Önerisi (Üstün Esre ve Ötre İçin)

- Harflerle boyama ve kesme çalışmaları yapılabilir. Kesilen harflerin üzerinin şeffaf koli bandı ile kaplanması daha parlak görünmesini ve uzun ömürlü olmasını sağlar.
- Üstün konusu tamamen öğretildikten sonra, esreli harflerden birkaç tanesinin nasıl okunacağı gösterilmeli, diğerlerinin okunuşunu çocuğun keşfetmesi sağlanmalıdır. (Örneğin: ( ا )'nin ayakkabısı olursa ( اِ ) olur, ( ب )'nin ayakkabısı olursa ( بِ ) olur, ( ت )'nin ayakkabısı olursa ne olur? şeklinde sorularak ilk aşamada harfleri göstermeden seslendirme çalışmaları yapılabilir.)
- Ötreli harflerden birkaç tanesinin nasıl okunacağı gösterilmeli, diğerlerinin okunuşunu çocuğun keşfetmesi sağlanmalıdır. (Örneğin: ( ا )'nin kurdelesi olursa ( اُ ) olur, ( ب )'nin kurdelesi olursa ( بُ ) olur, ( ت )'nin kurdelesi olursa ne olur? şeklinde sorularak ilk aşamada harfleri göstermeden seslendirme çalışmaları yapılabilir.)
- Harflerin üstün ile okunması tamamen öğretildikten sonra, önce iki, daha sonra da üç üstünlü harf yan yana dizilerek okutulmalıdır. Aynı yöntem esre ve ötre konusu için de uygulanmalıdır. Başlangıçta okutulan harflerin harekelerinin aynı olmasına dikkat edilmelidir.
- Üstünlü, esreli ve ötreli harfler tamamen öğretildikten sonra, farklı harekeli iki veya üç harf yan yana dizilerek okutulmalıdır.
- Kesilen harflerin mukavva üzerine yapıştırılması ve arkasına mıknatıs yapıştırılarak metal yüzeylerde yan yana dizilerek okutulması ilgiyi yeniden canlandıracaktır.
- Aşağıda harflerle yapılmış etkinlik örnekleri görülmektedir.

## Palyaçoyu Boyayalım

Palyaçoyu harflere ve kalplerin renklerine dikkat ederek örnekteki gibi boyayalım.

## Başta Ortada Sonda Yazılışlar

Harflerin başta, ortada ve sonda yazılışları birbirine benzese de biraz farklıdır.

| Sonda | Ortada | Başta | Sonda | Ortada | Başta |
|---|---|---|---|---|---|
| ـبَ | ـبَـ | بَـ | ءَ ا | ءَ ا | ءَ ا |
| ـثَ | ـثَـ | ثَـ | ـتَ | ـتَـ | تَـ |
| ـحَ | ـحَـ | حَـ | ـجَ | ـجَـ | جَـ |
| ـدَ | ـدَ | دَ | ـخَ | ـخَـ | خَـ |
| ـرَ | ـرَ | رَ | ـذَ | ـذَ | ذَ |
| ـسَ | ـسَـ | سَـ | ـزَ | ـزَ | زَ |
| ـصَ | ـصَـ | صَـ | ـشَ | ـشَـ | شَـ |
| ـطَ | ـطَـ | طَـ | ـضَ | ـضَـ | ضَـ |
| ـعَ | ـعَـ | عَـ | ـظَ | ـظَـ | ظَـ |

| Sonda | Ortada | Başta | Sonda | Ortada | Başta |
|---|---|---|---|---|---|
| ـفَ | ـفَـ | فَـ | ـغَ | ـغَـ | غَـ |
| ـكَ | ـكَـ | كَـ | ـقَ | ـقَـ | قَـ |
| ـمَ | ـمَـ | مَـ | ـلَ | ـلَـ | لَـ |
| ـوَ | ـوَ | وَ | ـنَ | ـنَـ | نَـ |
| ـةَ ةَ | - | - | ـهَ هَ | ـهَـ | هَـ |
| ـىَ | ـيَـ | يَـ | ـلَا | ـلَا | لَا |

## Harfleri Birleştirelim

Başta, ortada ve sonda yazılan aynı harfleri örnekteki gibi birleştirelim.

## Harfleri Birleştirelim

Başta, ortada ve sonda yazılan aynı harfleri birleştirelim.

| Sonda | Ortada | Başta |
|---|---|---|
| ـكَ | ـجَـ | مَـ |
| ـجَ | ـكَـ | غَـ |
| ـقَ | ـمَـ | جَـ |
| ـنَ | ـغَـ | كَـ |
| ـمَ | ـقَـ | هَـ |
| ـهَ | ـلَـ | لَا |
| ـغَ | ـنَـ | قَـ |
| ـلَا | ـهَـ | نَـ |
| ـلَ | ـلَا | لَـ |

## Harfleri Eşleştirelim

Aynı olan harfleri örnekteki gibi eşleştirelim.

| | |
|---|---|
| مُفْلِحُونَ<br>ف م ل و ح ن | اَطْعَمَهُمْ<br>ع ا م ط ه م |
| تَشْهَدُونَ<br>ت ه ش ن و د | مُخْلِصِينَ<br>خ ل م ن ص ى |
| فَكَذَّبُوهُ<br>ذ ف ك و ه ب | وَاسْتَغْفِرْهُ<br>ا و ت س ف غ ه ر |

# Üstünlü İki Harfli Kelimeler

Türkçe kelimelerin Arapça harflerle okutulması çocuğun ilgisini artıracaktır.
Bu sayfada okumayı kolaylaştırmak için tüm harekelerin aynı olmasına dikkat edilmiştir.

| | | |
|---|---|---|
|  اَوَ | اَتَ | اَبَ |
| دَدَ | اَفَ |  اَلَ |
|  دَوَ | يَمَ | دَمَ |
| سَلَ | نَشَ |  بَشَ |
|  لَكَ | سَنَ | يَلَ |
| نَىَ | شَىَ |  جَبَ |

## Kelimeleri Resimlerle Eşleştirelim

Kelimeleri okuyup uygun resimlerle eşleştirelim.

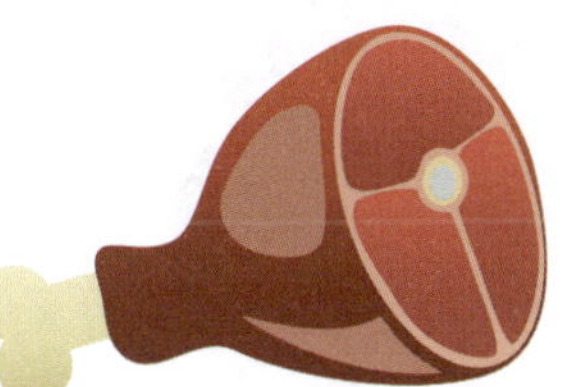

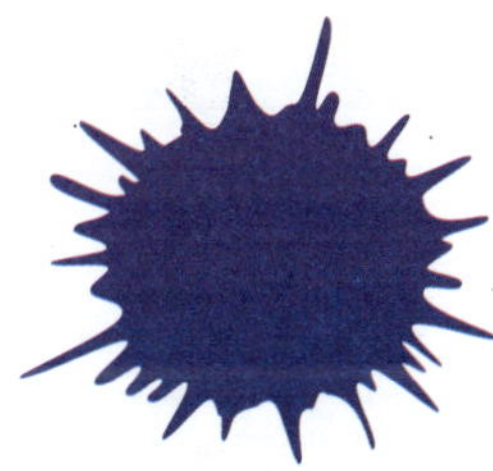

دَوَ

## Etkinlik Önerisi

- Kelimelerle kesme çalışmaları yapılabilir. Yeteri kadar çalışılıp çocuğun ilgisi azalmaya başladığında sonraki aşamaya geçilmelidir.
- Kelimelerin şeffaf koli bandına yan yana yapıştırılarak yılan şekline getirilmesi ilgiyi artıracaktır.
- Kelimeler sağdan sola ve kolaydan zora doğru (kitaptaki sıraya göre) dizilmelidir.

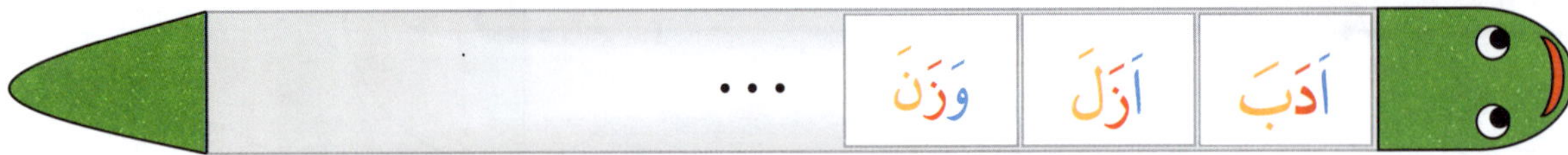


- Aşağıda yapılmış bir etkinlik örneği görülmektedir.

# Üstünlü Üç Harfli Kelimeler

Bu sayfada okumayı kolaylaştırmak için tüm harekelerin aynı olmasına dikkat edilmiştir.

| | | |
|---|---|---|
| | اَدَبَ | اَزَلَ |
| وَزَنَ | وَدَمَ | ذَهَبَ |
| وَلَدَ | وَجَدَ | قَلَمَ |
| اَمَلَ | جَمَلَ | اَمَرَ |
| كَفَرَ | صَدَقَ | خَلَقَ |
| دَخَلَ | حَكَمَ | |

## Esre 

Esre işareti, altına geldiği harfi "i" sesiyle okutur. Kalın harflerde "i" daha kalın okunur. Harfleri istediğimiz renklere boyayalım. ("E" ayakkabısını giymiş, parka gitmiş. Parkta oynarken çamura basmış. "İİİİ ayakkabılarım çok kirlendi" demiş. Bu yüzden ayakkabı giyen "E"nin adı "İ" olmuş.)

| | | | | |
|---|---|---|---|---|
| تِ | بِ | إِ | Esre işareti "ayakkabı" olarak adlandırılabilir. Harflerden bazılarının okunuşu gösterilip, diğerlerini çocuğun keşfetmesi sağlanabilir. | |
| دِ | خِ | حِ | جِ | ثِ |
| شِ | سِ | زِ | رِ | ذِ |
| عِ | ظِ | طِ | ضِ | صِ |
| لِ | كِ | قِ | فِ | غِ |
| يِ | هِ | وِ | نِ | مِ |

# Esreli İki Harfli Kelimeler

Türkçe kelimelerin Arapça harflerle okutulması çocuğun ilgisini artıracaktır.
Bu sayfada okumayı kolaylaştırmak için tüm harekelerin aynı olmasına dikkat edilmiştir.

| دِشِ | كِشِ | اِشِ |
|---|---|---|
| دِلِ | زِلِ | فِلِ |
| جِنِ | سِنِ | مِنِ |
| دِرِ | بِرِ | كِرِ |
| كِوِ | دِبِ | دِزِ |
| كِمِ | دِنِ | اِكِ |

# Esreli Üç Harfli Kelimeler

Türkçe kelimelerin Arapça harflerle okutulması çocuğun ilgisini artıracaktır.
Bu sayfada okumayı kolaylaştırmak için tüm harekelerin aynı olmasına dikkat edilmiştir.

اِشِنِ دِشِنِ دِلِنِ

اِزِنِ كِرِنِ شِرِنِ

اِرِسِ اِيِسِ اِكِسِ

بِرِسِ كِمِسِ دِرِسِ

فِلِمِ اِشِمِ دِزِمِ

سِمِدِ كِلِدِ كِلِمِ

## Ötre 

Ötre işareti, üzerine geldiği harfi “u” sesiyle okutur. İnce harflerde “u” daha ince okunur. Harfleri istediğimiz renklere boyayalım. (Çok çalışkan olduğu için öğretmeni “E”ye kurdele takmış. Arkadaşları “ÙÙ kurdelen çok güzel” demişler. Bu yüzden kurdele takan “E”nin adı “Ù” olmuş.)

| | | | | |
|---|---|---|---|---|
| تُ | بُ | أُ | Ötre işareti “kurdele” olarak adlandırılabilir. Harflerden bazılarının okunuşu gösterilip, diğerlerini çocuğun keşfetmesi sağlanabilir. | |
| دُ | خُ | حُ | جُ | ثُ |
| شُ | سُ | زُ | رُ | ذُ |
| عُ | ظُ | طُ | ضُ | صُ |
| لُ | كُ | قُ | فُ | غُ |
| ىُ | هُ | وُ | نُ | مُ |

# Ötreli İki Harfli Kelimeler

Bu sayfada okumayı kolaylaştırmak için tüm harekelerin aynı olmasına dikkat edilmiştir.

| | | |
|---|---|---|
| سُىُ | أُىُ | كُىُ |
| كُزُ | بُزُ | مُزُ |
| بُنُ | شُنُ | تُزُ |
| سُلُ | كُرُ | أُنُ |
| سُجُ | أُجُ | تُشُ |
| مُمُ | كُمُ | أُلُ |

# Ötreli Üç Harfli Kelimeler

Bu sayfada okumayı kolaylaştırmak için tüm harekelerin aynı olmasına dikkat edilmiştir.

| | | |
|---|---|---|
| مُزُنُ | تُزُنُ | دُرُمُ |
| دُشُنُ | كُشُنُ | بُزُنُ |
| شُرُبُ | بُرُنُ | أُجُنُ |
| كُزُسُ | كُيُسُ | كُمُنُ |
| كُتُمُ | كُرُشُ | سُلُسُ |
| بُلُتُ | كُرُدُ | أُيُدُ |

# Üstün Esre ve Ötre

Harfler önce sırayla okutulmalı, çocuğun üç farklı harekeyi bir arada görmesi sağlanmalıdır. Sonra harfler karışık olarak okutulmalıdır. Harflerin ( اَ اِ اُ ), ( بَ بِ بُ ) şeklinde kalıp haline getirilmesine izin verilmemelidir. Çünkü bu durumda harflerin birbirinden ayrı algılanması ve okunması zorlaşır.

| بُ | بِ | بَ | اُ | اِ | اَ |
|---|---|---|---|---|---|
| ثُ | ثِ | ثَ | تُ | تِ | تَ |
| جُ | جِ | جَ | خُ | خِ | خَ |
| دُ | دِ | دَ | زُ | زِ | زَ |
| سُ | سِ | سَ | شُ | شِ | شَ |
| فُ | فِ | فَ | لُ | لِ | لَ |
| مُ | مِ | مَ | نُ | نِ | نَ |
| وُ | وِ | وَ | ىُ | ىِ | ىَ |

# Balonları Boyayalım

Üzerinde ىَ yazan balonları yeşile, صَ yazanları sarıya, تُ yazanları turuncuya, سِ yazanları siyaha, قَ yazanları kahverengiye, قِ yazanları kırmızıya, مَ yazanları maviye, مُ yazanları mora boyayalım. بَ yazanları boyamayıp beyaz olarak bırakalım.

## Farklı Harekeli Kelimeler

Çocuklar ardarda gelen farklı harekeleri okumakta zorlanmaktadırlar. Bu yüzden önce kelimeler sayfadaki sırayla okutulmalıdır. Sonra yukarıdan aşağıya ve daha sonra da karışık okutulabilir.

| هَلَ | سَلَ | مَلَ |
|---|---|---|
| قَمَ | جَمَ | صَمَ |
| جِوِ | لِوِ | دِوِ |
| كِمِ | سِمِ | جِمِ |
| طُلُ | فُلُ | قُلُ |
| شُتُ | كُتُ | بُتُ |

# Üstün ve Esreli Kelimeler

Türkçe kelimelerin Arapça harflerle okutulması çocuğun ilgisini artıracaktır.
Bu sayfada aynı kelime içerisinde farklı harekelerin yer almasına dikkat edilmiştir.

| | | |
|---|---|---|
| اَلِ | بَلِ | دَلِ |
| اَتِ | سَتِ | نَتِ |
| اَشِ | بَشِ | لَشِ |
| سَنِ | بَنِ | حَنِ |
| شَيِ | نَيِ | بَيِ |
| كَدِ | يَدِ | حَدِ |

# Üstün ve Ötreli Kelimeler

Bu sayfada aynı kelime içerisinde farklı harekelerin yer almasına dikkat edilmiştir.

## Kelimeleri Bulalım

Tabloda gizlenmiş olan aşağıdaki kelimeleri bulalım ve örnekteki gibi aynı renklere boyayalım.

| | | | | | | | |
|---|---|---|---|---|---|---|---|
| حَ | غُ | طَ | كِ | شُ | ثَ | طُ | قَ |
| ذُ | ظَ | خُ | مَ | نَ | ضُ | حُ | تِ |
| شَ | شِ | بِ | جَ | دِ | كَ | وِ | اَ |
| هِ | طُ | رِ | دَ | لَ | قُ | عُ | ةَ |
| خُ | غَ | يِ | نَ | سَ | بُ | تَ | جُ |
| تُ | ظِ | فُ | صَ | ثُ | لِ | فِ | صُ |
| ةِ | ضِ | زَ | عَ | ةُ | رَ | ذَ | ثِ |

| | | | |
|---|---|---|---|
| فُزَ | كِمَ | اَوِ | بُسَ |
| شِشَ | دَرِ | قُلَ | كَدِ |
| جَبِ | نَيِ | شُنَ | لِرَ |

# Med Harfi Elif-1 

Harekesi üstün olan harften sonra gelen harekesiz ( ا ), o harfi bir kez elif diyecek kadar uzatır. Açık yeşille gösterilen harfler “e-a” arası sesle, koyu yeşille gösterilen harfler “a” sesiyle uzatılır.

Harflerden birkaçının okunuşu gösterilip, diğerlerini çocuğun keşfetmesi sağlanabilir.

| | | | | |
|---|---|---|---|---|
| تَا | بَا | Çocuklara med harfi ( ا ) öğretilirken ayrı bir harf olarak değil, kendisinden önceki harfin kuyruğu olarak tanıtılmalıdır. (ب harfinin kuyruğuna yanlışlıkla basınca بَا diye bağırmış. ت harfinin kuyruğuna yanlışlıkla basınca تَا diye bağırmış.) | | |
| دَا | خَا | حَا | جَا | ثَا |
| شَا | سَا | زَا | رَا | ذَا |
| عَا | ظَا | طَا | ضَا | صَا |
| لَا | كَا | قَا | فَا | غَا |
| يَا | هَا | وَا | نَا | مَا |

## Kediyi Süte Ulaştıralım

Sadece med harfli kelimelerin olduğu kutuları boyayarak acıkmış olan kedimizi süte ulaştıralım.

| | | | | | | | |
|---|---|---|---|---|---|---|---|
| | | غَ | حَا | صَا | سَا | رَا | خَا |
| | | شَ | طَا | ةَ | تَ | لَ | ذَا |
| | صَ | ىَ | ذَا | وَ | شَا | غَا | مَا |
| كَا | بَا | دَا | لَا | زَ | فَا | كَ | قَ |
| بَ | ثَ | مَ | طَ | هَ | وَا | اَ | دَ |
| ظَا | ضَا | نَا | حَا | قَا | زَا | ذَ | جَ |
| هَا | فَ | ضَ | ثَ | قَ | خَ | حَ | ظَ |
| وَا | بَ | تَا | دَا | بَا | زَ | غَ | رَ |
| يَا | اَ | كَا | لَ | لَا | دَ | | |
| غَا | طَا | عَا | ةَ | حَا | | | |

## Med Harfi Elif-2

Hangi durumda harflerin uzatılacağıyla ilgili, ilk zamanlarda çocuğa fazla teorik bilgi verilmemeli, sadece renkli harflerin uzun okunacağı söylenmelidir. Bu sayfalarda okumayı kolaylaştırmak için benzer kelimeler birlikte verilmiştir. Ancak istenirse sırayla değil, karışık olarak da okutulabilir.

| | | |
|---|---|---|
| سَلَا | بَلَا | وَلَا |
| فَمَا | سَمَا | كَمَا |
| مِدَا | شِدَا | نِدَا |
| حِسَا | لِسَا | نِسَا |
| قُوَا | صُوَا | طُوَا |
| لُنَا | بُنَا | شُنَا |

# Etkinlik Önerisi

- Kesilen kelimeler şeffaf koli bandına yan yana yapıştırılır. Kelimeler sağdan sola ve kolaydan zora doğru (kitaptaki sıraya göre) dizilmelidir. Yapıştırılan parçaların çift sayıda olmasına dikkat edilmelidir.

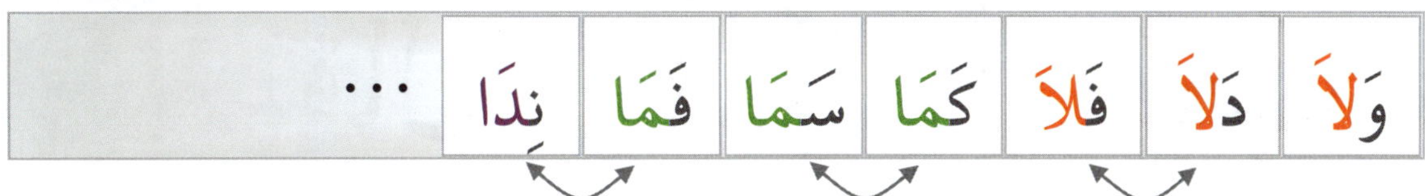


- Yukarıda okla gösterilen kelimeler arkalarına yapıştırıcı sürülerek ikişer ikişer yapıştırılır. En baştaki ve en sondaki yapıştırılmamalıdır. Yapıştırıldıktan sonra yandan görünüş aşağıdaki gibi olmalıdır. Yapıştırılan kısımlar gri renkte gösterilmiştir.

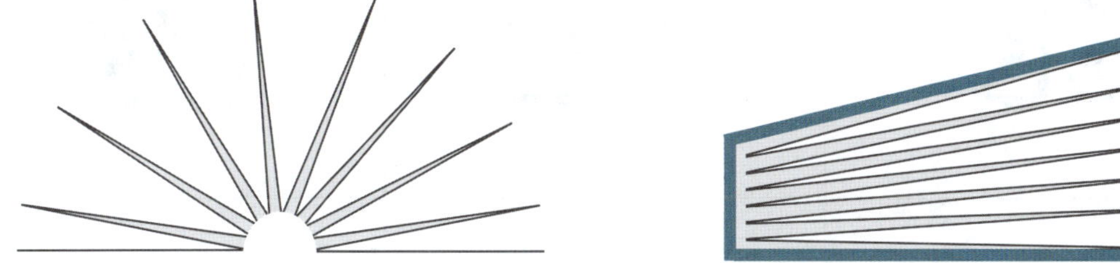

- Sonra uygun ebatta kesilen bir mukavva veya renkli karton yukarıdaki gibi yapıştırılarak küçük bir kitap haline getirilir. Yapıştırılacak kısımlar gri renkte gösterilmiştir.
- Kitabın dış kısmına çocuğun resmi yapıştırılabilir.
- Uygulamanın her aşamasında çocuğun kelimelerle ilgilenmesine ve okumasına imkan verilmelidir.
- Uygulamanın tamamlanmış hali aşağıdaki gibidir.

| قَابَ | قَامَ | قَالَ |
|---|---|---|
| كَادَ | كَافَ | كَانَ |
| طَالَ | طَانَ | طَابَ |
| نَارُ | نَادَ | نَاسَ |
| جَامَ | جَارَ | جَانَ |
| بَابُ | مَاءَ | ذَاتَ |

| | | |
|---|---|---|
| فَاهَدَ | فَاحَشَ | فَاسَقَ |
| وَاحَشَ | وَاجَبَ | وَاحَدَ |
| غَادَبَ | غَافَلَ | غَالَبَ |
| مَاسَقَ | مَاشَدَ | مَالَكَ |
| جَامَعَ | جَاهَلَ | جَاسَدَ |
| قَاهَدَ | جَاهَدَ | شَاهَدَ |

# Med Harfi Ye-1 

Esreli bir harften sonra gelen harekesiz ( ى ), o harfi bir kez elif diyecek kadar "î" sesiyle uzatır. Kalın harflerde "î" daha kalın okunur. (Bu harflerin kuyruklarına yanlışlıkla basınca اِي, بِي, تِي diye bağırmışlar.) Birkaçının nasıl okunacağı gösterilip, diğerlerini çocuğun keşfetmesi sağlanabilir.

| | | | | |
|---|---|---|---|---|
| تِي | بِي | اِي | Çocuklara med harfi ( ى ) öğretilirken ayrı bir harf olarak değil, kendisinden önceki harfin kuyruğu olarak tanıtılmalıdır. | |
| دِي | خِي | حِي | جِي | ثِي |
| شِي | سِي | زِي | رِي | ذِي |
| عِي | ظِي | طِي | ضِي | صِي |
| لِي | كِي | قِي | فِي | غِي |
| يِي | هِي | وِي | نِي | مِي |

## Maymunu Muza Ulaştıralım

Sadece med harfli kelimelerin olduğu kutuları boyayarak acıkmış olan maymunu muza ulaştıralım.

| قٖى | لٖى | بٖى | غٖى | حٖى | | | |
|---|---|---|---|---|---|---|---|
| زٖى | دِ | قِ | لِ | صِ | طِ | | |
| دٖى | ضٖى | فٖى | مٖى | اِ | فِ | بِ | زِ |
| شِ | يِ | هِ | جٖى | كِ | زٖى | سٖى | كٖى |
| | | طِ | كٖى | نِ | ظٖى | وِ | خٖى |
| | | شِ | عٖى | ذٖى | شٖى | بِ | لٖى |
| | ذِ | ةِ | ثِ | قِ | لِ | رِ | وٖى |
| رٖى | ظِ | خٖى | ظٖى | عٖى | صٖى | نِ | نٖى |
| كٖى | بِ | ضٖى | شِ | اِ | مٖى | تِ | فٖى |
| لٖى | ثٖى | تٖى | كِ | قِ | هٖى | طٖى | سٖى |

## Etkinlik Önerisi

- Sonraki sayfada tırtılın başı, boynu ve kuyruğu verilmiştir. Üzerinde kelime yazan ovaller tırtılın gövdesini oluşturacaktır.
- Kesilen kelimeler oval şeklindeki mukavvalar üzerine yapıştırılır. İlgisi azalıncaya kadar çocuğun konuya bunlarla çalışması sağlanmalıdır.
- Ovallerin iki yanına delik delinmelidir. Sonra aralarına birer boncuk konularak aşağıdaki şekilde birleştirilmelidir. Kelimeler tırtılın baş tarafından başlayarak, kolaydan zora doğru (kitaptaki sıraya göre) dizilmelidir. Gövde kısmına istenildiği kadar ekleme yapılabilir. İki tane tel ve boncukla anten yapılabilir.

- Benzer bir uygulamanın tamamlanmış hali aşağıdaki gibidir.

# Med Harfi Ye-2

Hangi durumda harflerin uzatılacağıyla ilgili, ilk aşamada çocuğa çok fazla teorik bilgi verilmemeli, sadece renkli harflerin uzun okunacağı söylenmelidir.

| | | |
|---|---|---|
| كَادٖى | شَادٖى | هَادٖى |
| وَالٖى | بَارٖى | بَاقٖى |
| حَمٖيدَ | مَجٖيدَ | شَهٖيدَ |
| حَكٖيمَ | عَلٖيمَ | حَلٖيمَ |
| حَسٖيبَ | نَعٖيمَ | جَحٖيمَ |
| شَرٖيكَ | خَلٖيفَ | وَكٖيلَ |

# Med Harfi Vav-1 (و)

Ötreli bir harften sonra gelen harekesiz ( و ), o harfi bir kez elif diyecek kadar “u” sesiyle uzatır. İnce harflerde “u” daha ince okunur. (Bu harflerin kuyruklarına yanlışlıkla basınca أُو, بُو, تُو diye bağırmışlar.) Birkaçının nasıl okunacağı gösterilip, diğerlerini çocuğun keşfetmesi sağlanabilir.

| | | | | |
|---|---|---|---|---|
| تُو | بُو | أُو | Çocuklara med harfi ( و ) öğretilirken ayrı bir harf olarak değil, kendisinden önceki harfin kuyruğu olarak tanıtılmalıdır. | |
| دُو | خُو | حُو | جُو | ثُو |
| شُو | سُو | زُو | رُو | ذُو |
| عُو | ظُو | طُو | ضُو | صُو |
| لُو | كُو | قُو | فُو | غُو |
| يُو | هُو | وُو | نُو | مُو |

## Kaplanı Ete Ulaştıralım

Sadece med harfli kelimelerin olduğu kutuları boyayarak acıkmış olan kaplanı ete ulaştıralım.

| | | | | | | | |
|---|---|---|---|---|---|---|---|
| ثُو | بُو | طُو | حُو | دُو | عُ | | |
| شُو | بُ | طُ | حُ | عُو | تُ | | |
| جُو | نُ | بُو | حُو | ذُو | ذُ | حُ | |
| كُو | مُ | زُو | ثُ | لُ | زُ | عُ | أُو |
| صُو | ةُ | شُو | رُو | مُو | قُو | جُ | ذُو |
| ظُو | شُ | حُ | خُ | أُ | فُو | كُ | لُو |
| هُو | طُ | | | ظُ | حُو | دُ | سُو |
| وُو | ضُ | | | | لُو | فُ | عُو |
| يُو | قُ | طُ | ذُ | ىُ | صُ | زُ | هُو |
| غُو | خُو | ضُو | رُو | مُو | ثُو | قُو | نُو |

## Med Harfi Vav-2

Hangi durumda harflerin uzatılacağıyla ilgili, ilk zamanlarda çocuğa çok fazla teorik bilgi verilmemeli, sadece renkli harflerin uzun okunacağı söylenmelidir.

| | | |
|---|---|---|
| تُوبُو | كُونُو | اُوتُو |
| ذُوقُو | طُولُو | قُولُو |
| جُودُ | سُودُ | هُودُ |
| بُوطُ | شُوطُ | لُوطُ |
| رُوحُ | دُوحُ | نُوحُ |
| سُورُ | طُورُ | نُورُ |

| | | |
|---|---|---|
| رَسُولُ | ثَمُودُ | وَدُودُ |
| يَمُوتُ | يَكُونُ | يَقُولُ |
| حُدُودُ | ذُنُوبُ | قُلُوبُ |
| بُيُوتُ | وُجُوهُ | بُطُونُ |
| شُهُودُ | سُجُودُ | كُتُوبُ |
| قُبُورُ | وُحُوشُ | جُنُودُ |

# Cezm-1 

Cezm işareti üzerine geldiği harfi, önceki harfe bağlar ve harekesiz olarak kendi sesiyle okutur. Harfleri boyayalım ve okuyalım. (Bunlar, sıcak bir günde sessizce güneşlenen harfler. Harflerin güneşlenirken çıkardıkları sesleri tahmin etmeye çalışalım.)

| | | | | |
|---|---|---|---|---|
| تْ T | بْ B | Harflerden birkaçının okunuşu gösterilip, diğerlerini çocuğun keşfetmesi sağlanabilir. | Cezmli harf, önce diğer harflerden bağımsız olarak (SİN, SSS; RA, RRR; FE, FFF; KEF, K şeklinde) okutulmalıdır. | Cezm işareti öğretilirken "güneş" olarak adlandırılabilir. |
| دْ D | خْ HHH | حْ HHH | جْ C | ثْ SSS |
| شْ ŞŞŞ | سْ SSS | زْ ZZZ | رْ RRR | ذْ ZZZ |
| عْ 'A | ظْ ZZZ | طْ T | ضْ D | صْ SSS |
| لْ LLL | كْ K | قْ K | فْ FFF | غْ ĞĞĞ |
| یْ YYY | هْ HHH | وْ VVV | نْ NNN | مْ MMM |

## Seslerle Resimleri Eşleştirelim

Harfleri seslendirelim ve uygun resimlerle örnekteki gibi eşleştirelim.

## Cezm-2

İlk aşamada, harfleri göstermeden seslendirme çalışmaları yapılabilir.
Yani öğretmen aşağıdaki tabloda görüldüğü gibi iki harfi birleştirmeden;
E - ZZZ dediğinde, öğrencinin birleştirerek EZ demesini,
E - ŞŞŞ dediğinde, öğrencinin birleştirerek EŞ demesini,
vs. isteyerek oyun oynatabilir.

| | | | | | | | | | |
|---|---|---|---|---|---|---|---|---|---|
| اَشْ | ⬅ | شْ | + | اَ | اَزْ | ⬅ | زْ | + | اَ |
| اَوْ | ⬅ | وْ | + | اَ | اَلْ | ⬅ | لْ | + | اَ |
| اَكْ | ⬅ | كْ | + | اَ | اَتْ | ⬅ | تْ | + | اَ |

Bu sırada el hareketlerinden de yararlanılabilir. Yani EZ veya EŞ derken eller birbirine vurulup kapalı tutulur. (Şedde öğretilirken ise eller birbirine vurulduktan sonra tekrar açılır.) Çocuklar buradaki birleştirme mantığını anladıktan sonra harfler gösterilerek sayfadan çalışılmalıdır.

## Topları Kaydıralım ve Çarpıştıralım

E topunu kaydıraktan kaydırıp ŞŞŞ topu ile çarpıştıralım ve ikisini birleştirip EŞ olarak okuyalım. Daha sonra E topunu YYY, MMM, NNN ve diğer toplarla da çarpıştıralım ve birleştirerek okuyalım.

Bu kaydırak tahtaya çizilip, ŞŞŞ harfi başka harflerle değiştirilerek çalışılabilir. Ya da renkli kartondan kaydırak ve harf topları yapılarak oyun eşliğinde konu anlatılabilir.

Bu sayfalarda okumayı kolaylaştırmak için benzer kelimeler birlikte verilmiştir.

اَبْ اَتْ

اَثْ اَجْ اَحْ اَخْ اَدْ

اَذْ اَرْ اَزْ اَسْ اَشْ

اَصْ اَضْ اَطْ اَظْ اَعْ

اَغْ اَفْ اَقْ اَكْ اَلْ

اَمْ اَنْ اَوْ اَهْ اَىْ

# Etkinlik Önerisi

- Bir mukavva dairesel olarak kesilmeli, önceki sayfadaki kelimeler aşağıdaki gibi yapıştırılmalı ve çocuğun ilgisi azalıncaya kadar konuya bununla çalışması sağlanmalıdır.
- Dairenin iç kısmına renkli kağıtlarla aşağıdaki gibi çiçekler yapıştırılarak çocuğun ilgisi tekrar canlandırılmalı ve konuya bir süre de bu şekilde çalışması sağlanmalıdır.
- Sonra çocuğun daireyi eliyle çevirip önünde duran kelimeyi okuyabileceği aşağıdaki gibi bir düzenek oluşturulmalıdır.

| | | | | |
|---|---|---|---|---|
|  | اِثْ | اِتْ | اِخْ |  |
| اِزْ | اِذْ | اِضْ | اِصْ | اِشْ |
| اِفْ | اِغْ | اِعْ | اِظْ | اِطْ |
| اِهْ | اِوْ | اِمْ | اِكْ | اِقْ |

## Balonları Eşleştirelim

Balonları örnekteki gibi eşleştirelim ve oluşan kelimeleri okuyalım.

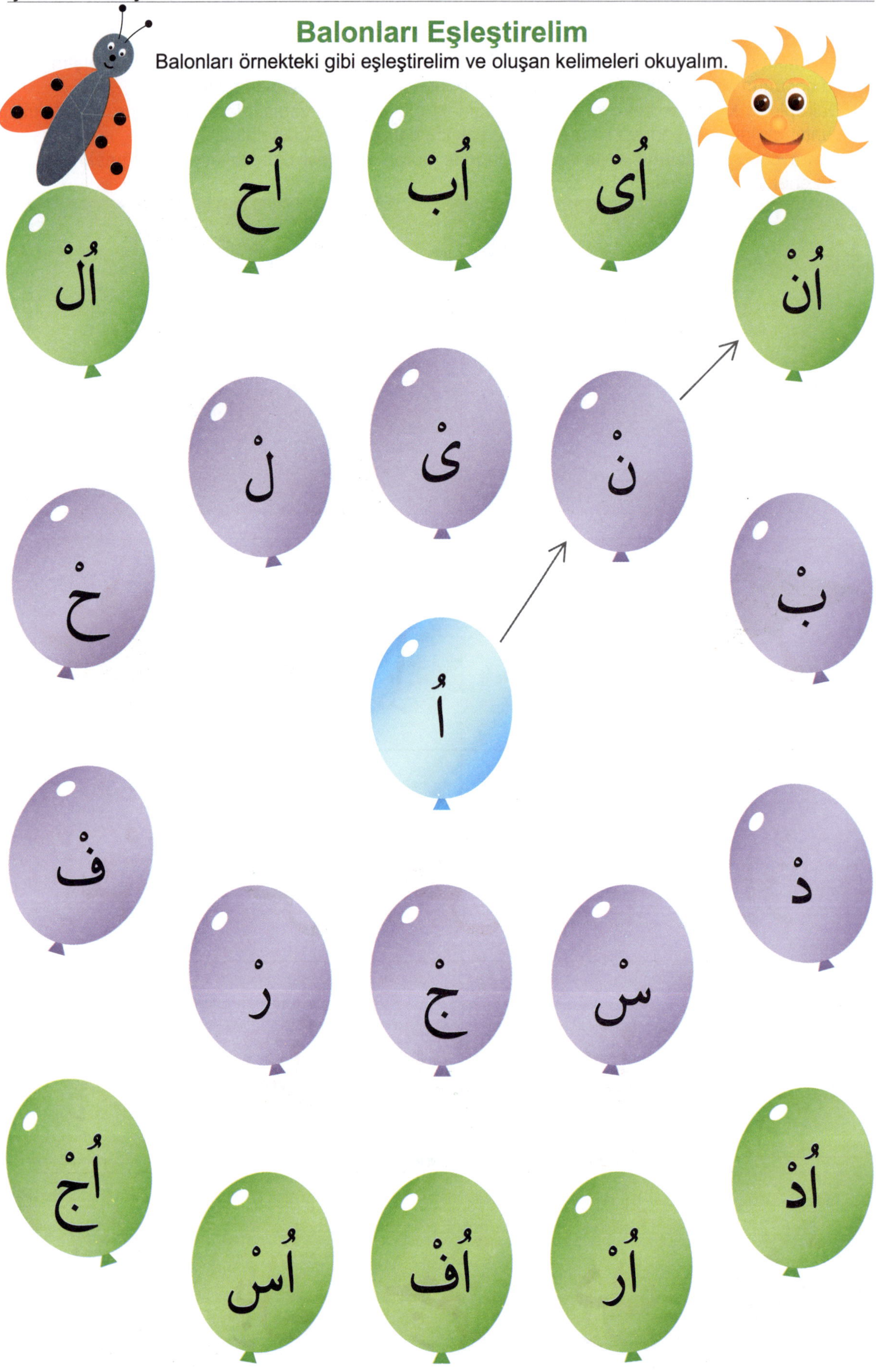

# Cezm-3

Bu sayfalarda okumayı kolaylaştırmak için benzer kelimeler birlikte verilmiştir.
Ancak istenirse sırayla değil, karışık olarak da okutulabilir.

| | | | | |
|---|---|---|---|---|
| اَىْ | شَىْ | هَىْ | بَىْ | رَىْ |
| دَمْ | كَمْ | جَمْ | هَمْ | حَمْ |
| اَوْ | دَوْ | سَوْ | حَوْ | طَوْ |
| اَتْ | سَتْ | نَتْ | عَتْ | صَتْ |
| اِزْ | بِزْ | سِزْ | تِزْ | دِزْ |
| اِنْ | بِنْ | جِنْ | دِنْ | كِنْ |

# Cezm-4

Türkçe kelimelerin Arapça harflerle okutulması çocukta ilgiyi artırmaktadır.
Bu sayfalarda okumayı kolaylaştırmak için benzer kelimeler birlikte verilmiştir.

| بِلْ |  زِلْ | فِلْ |
|---|---|---|
| كَلْ |  دِلْ | سِلْ |
| بِرْ |  تَرْ | كِرْ |
| سِسْ |  كَسْ | سَسْ |
| طَشْ |  دِشْ | فِشْ |
| كَكْ |  يَمْ | سِمْ |

## Sesleri Varlıklarla Eşleştirelim

Aşağıdaki varlıklar seslerini kaybetmişler. Sesleri okuyalım ve uygun varlıklara ulaştıralım.

# Cezm-5

Bu sayfalarda okumayı kolaylaştırmak için benzer kelimeler birlikte verilmiştir.
Ancak istenirse sırayla değil, karışık olarak da okutulabilir.

| | | |
|---|---|---|
| قَلَمْ | وَلَمْ | اَلَمْ |
| لَهُمْ | اَهُمْ | وَهُمْ |
| شَهَبْ | ذَهَبْ | لَهَبْ |
| قَوْسُ | قَوْمُ | قَوْلُ |
| جَهْشَ | جَهْلَ | جَهْدَ |
| سَوْمَ | سَوْدَ | سَوْفَ |

## Etkinlik Önerisi

Konuyla ilgili sayfalara yeterince çalışıldıktan sonra, bu ve sonraki sayfadaki kelebek kesilmeli, baş ve gövdesine yapıştırıcı sürülerek birbirine yapıştırılmalıdır. Çocuğun bir süre de bu şekilde çalışması sağlanmalıdır. Tamamlanmış hali aşağıdaki gibidir.

اَدْرِ
بَحْرِ
اَجْرِ
شَمْسِ
صَبْرِ
حَوْلِ
لَيْلِ
عِلْمُ
ضَيْفِ

Yolculuğumuzun birinci bölümünü tamamladık.
Biraz dinlendikten sonra, yeni yerler görmek, yeni şeyler öğrenmek
ve sürpriz hediyelere ulaşmak için ikinci kitabımızdan yolumuza devam edeceğiz…

Başardın

# BAŞARI BELGESİ

............................................... Elif Be eğitiminin ilk bölümünü başarıyla tamamlayarak bu belgeyi almaya hak kazanmıştır.

..../..../........


# BAŞARI BELGESİ

............................................... Elif Be eğitiminin ilk bölümünü başarıyla tamamlayarak bu belgeyi almaya hak kazanmıştır.

..../..../........

Çocuklar İçin

# ELİF BE

(boyama, kesme, yapıştırma etkinlikli)

2

Melek BOZDOĞAN
Murat BOZDOĞAN

## MURAT BOZDOĞAN

1974 yılında Almanya'da doğdu. İlköğrenimine Almanya'da başladı. İlk, orta ve lise öğrenimini Osmaniye'de tamamladı. 1996 yılında Dokuz Eylül Üniversitesi, Mühendislik Mimarlık Fakültesi, Elektrik-Elektronik Mühendisliği Bölümü'nden mezun oldu. 2011 yılında Kahramanmaraş Sütçü İmam Üniversitesi, Sosyal Bilimler Enstitüsü, Felsefe ve Din Bilimleri Anabilim Dalı, Din Psikolojisi Yüksek Lisans Eğitimini tamamladı. 2015 yılında Sakarya Üniversitesi Sürekli Eğitim Uygulama ve Araştırma Merkezi, 4-6 Yaş Grubu Çocuk Eğitimi ve Etkinlikleri eğitimi aldı. Misal Gençlik Eğitim Kültür ve Yardımlaşma Derneği yöneticiliği yaptı. Kahramanmaraş DSİ 20. Bölge Müdürlüğü'nde görev yapmakta olup, ayrıca Kahramanmaraş'ta eğitim faaliyetleri, yazarlık ve eğitim materyalleri hazırlama çalışmaları yapmaktadır. Evli ve üç çocuk babasıdır.

## MELEK BOZDOĞAN

1978 yılında Osmaniye'de doğdu. İlk ve orta öğrenimini Osmaniye'de tamamladı. Osmaniye İmam Hatip Lisesi'nden mezun oldu. 1998'de Erzincan Üniversitesi'nde İlköğretim Matematik Öğretmenliği eğitimine başladı. Açık Öğretim Fakültesi, Türk Dili ve Edebiyatı Bölümü'nde eğitim aldı. 2015 yılında Sakarya Üniversitesi Sürekli Eğitim Uygulama ve Araştırma Merkezi, 4-6 Yaş Grubu Çocuk Eğitimi ve Etkinlikleri eğitimi aldı. Misal Gençlik Eğitim Kültür ve Yardımlaşma Derneği kurucusudur ve aynı dernekte yöneticilik yaptı. Kahramanmaraş'ta eğitim faaliyetleri, yazarlık ve eğitim materyalleri hazırlama çalışmaları yapmaktadır. Evli ve üç çocuk annesidir.

بسم الله الرحمن الرحيم

# İÇİNDEKİLER

# Önsöz

Okul öncesi dönemde, çocuklara Elif Be eğitimi verilmesi ve Kur'an-ı Kerîm okutulması, onların hem manevi dünyalarına katkıda bulunmakta, hem de zihinsel gelişimlerini desteklemektedir. Bu dönemde Kur'an-ı Kerîm okumayı öğrenen çocukların, okul döneminde okuma-yazma öğrenme süreci önemli ölçüde kısalmakta, farklı derslerin anlaşılması ve öğrenilmesi kolaylaşmaktadır.

3-4 yaşında bir çocuk 4-5 aylık eğitimle, 5-6 yaşındaki bir çocuk ise 1-2 aylık eğitimle Kur'an-ı Kerim okumaya başlayabilir. Ancak bu yaşlardaki bir çocuğun uzun süre ilgisini herhangi bir konu üzerinde yoğunlaştırması mümkün değildir. Bu yüzden eğitim tamamlanıncaya kadar ilginin canlı kalmasını sağlayacak yöntemlerin uygulanması gerekir.

Çocukta ilginin sürekliliğini sağlayacak bazı yöntemler şunlardır:

- Eğitim süresince sadece kitap kullanılmamalı, her konu için ayrı etkinlikler hazırlanmalı, farklı eğitim materyalleri kullanılmalı, bilgisayar programlarından faydalanılmalıdır. Eğitimin oyuna ve eğlenceye dönüşmesi sağlanmalıdır.
- Kesme yapıştırma türü etkinliklere çocuğun da katılımı sağlanmalı, bir seferde hazırlanıp çocuğa verilmemeli hazırlık aşamasında da okumasına ve öğrenmesine imkan verilmelidir.
- Evde kısık sesle Kur'an-ı Kerim dinletilmesi hem çocuğun mahreçleri doğru çıkarmasını sağlar, hem de önceden dinleyerek aşina olduğu kelimeleri okuduğunda ilgisinin artmasına neden olur. Ayrıca sureleri daha kolay ezberlemesine yardımcı olur.
- Günlük hayatta kullandığı Türkçe kelimelerin Arapça harflerle yazılması ve okutulması çocuğun ilgisini artıran çok önemli bir faktördür. Türkçe kelimelerle birlikte konuyla ilgili resimlerin kullanılması da çocuk için ilgi çekicidir.
- Yeni bir konuya başlanıldığında, ilk zamanlarda çocuğa nasıl okuyacağı ile ilgili fazla teorik bilgi verilmemeli, harflerin renklerine dikkat çekilmelidir. Örneğin med harfleri öğretilirken renkli harflerin uzun okunacağı söylenmelidir.
- Çocuğun aynı yaştaki başka çocuklarla birlikte eğitim alması ve birbirlerini teşvik etmeleri sağlanmalıdır.
- Uygun aralıklarla ödüllendirme ile zayıflayan ilginin yeniden canlanması sağlanmalıdır.
- Kur'an eğitimi tamamlandığında çocuğun arkadaşları davet edilerek kutlama yapılmalıdır.

Kitabı uygulayacak anne, baba, eğitimci ve çocuklara başarılar dileriz.

Melek BOZDOĞAN
Murat BOZDOĞAN

## Şedde-1

Şedde işareti, üzerine geldiği harfi, bir önceki harfe bağlar ve iki kez okutur.
Şedde işareti öğretilirken "bulut" olarak adlandırılabilir.
İlk aşamada, harfleri göstermeden seslendirme çalışmaları yapılabilir.
Yani öğretmen aşağıdaki tabloda görüldüğü gibi şeddesiz olarak;
E - BE dediğinde, öğrencinin EBBE demesini,
E - TE dediğinde, öğrencinin ETTE demesini,
vs. isteyerek oyun oynatabilir.

| | |
|---|---|
| اَتَّ ← اَ تَ | اَبَّ ← اَ بَ |
| اَدَّ ← اَ دَ | اَثَّ ← اَ ثَ |
| اَرَّ ← اَ رَ | اَذَّ ← اَ ذَ |

Bu sırada el hareketlerinden de yararlanılabilir. Yani EBBE veya ETTE derken eller birbirine vurulup sonra tekrar açılır. (Cezm öğretilirken eller birbirine vurulup kapalı tutuluyordu.) Çocuklar buradaki birleştirme mantığını anladıktan sonra harfler gösterilerek sayfadan çalışılmalıdır.

## Topları Kaydıralım ve Çarpıştıralım

E topunu kaydıraktan kaydırıp ŞE topu ile çarpıştıralım ve ikisini birleştirip EŞŞE olarak okuyalım. Daha sonra E topunu YE, ME, NE ve diğer toplarla da çarpıştıralım ve birleştirerek okuyalım. Bu kaydırak tahtaya çizilip, ŞE harfi başka harflerle değiştirilerek çalışılabilir. Ya da renkli kartondan kaydırak ve harf topları yapılarak oyun eşliğinde konu anlatılabilir.

| | | | | |
|---|---|---|---|---|
| اَتَّ | اَبَّ | Çocuklar okumakta zorlanırsa, öğretmen önce şeddenin üzerini kapatıp E-BE olarak okutmalı, sonra şeddeyi gösterip EBBE olarak okutup farkı göstermeye çalışmalıdır. | | Şedde işareti öğretilirken "bulut" olarak adlandırılabilir. |
| اَدَّ | اَخَّ | اَحَّ | اَجَّ | اَثَّ |
| اَشَّ | اَسَّ | اَزَّ | اَرَّ | اَذَّ |
| اَعَّ | اَظَّ | اَطَّ | اَضَّ | اَصَّ |
| اَلَّ | اَكَّ | اَقَّ | اَفَّ | اَغَّ |
| اَىَّ | اَهَّ | اَوَّ | اَنَّ | اَمَّ |

| اَحِّ | اَجِّ | اَثِّ | اَتِّ | اَبِّ |
|---|---|---|---|---|
| اَزِّ | اَرِّ | اَذِّ | اَدِّ | اَخِّ |
| اَطِّ | اَضِّ | اَصِّ | اَشِّ | اَسِّ |
| اَقُّ | اَفُّ | اَغُّ | اَعُّ | اَظُّ |
| اَوُّ | اَنُّ | اَمُّ | اَلُّ | اَكُّ |
| | | | اَىُّ | اَهُّ |

## Helikopteri Piste İndirelim

Aynı olan kelimeleri örnekteki gibi birleştirerek helikopteri güvenli bir şekilde piste indirelim.

اَوَّ

اَوَّ اَسَّ

اَسَّ اَبِّ

اَرُّ اَبِّ

اَدِّ اَىَّ

اَجَّ اَطُّ

اَطُّ اَدِّ

اَجَّ اَضُّ

اَىَّ اَرُّ

اَضُّ اَظِّ

اَذَّ اَنُّ

اَظِّ اَقَّ

اَنُّ اَشِّ

اَذَّ اَلِّ

اَشِّ اَقَّ

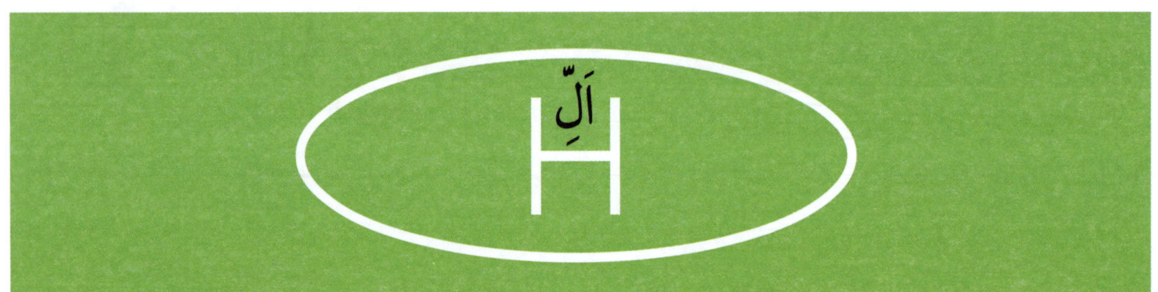

## Şedde-2

Bu sayfalarda okumayı kolaylaştırmak için benzer kelimeler birlikte verilmiştir.

## Etkinlik Önerisi

- Kelimelerin bulutlar içerisine yazılmış olması çocuk için ilgi çekicidir. Konuya, ilgisi azalıncaya kadar sayfadan çalışması sağlanmalıdır.
- Sonra bulutlar kesilerek, aynı şekilde kesilen mukavvalara yapıştırılmalı ve çocuğun bir süre de bu şekilde çalışması sağlanmalıdır.
- Sonra bunlar dairesel bir mukavvaya aşağıdaki şekilde bağlanabilir ve mukavva ortasından bir iple asılabilir.
- Dairesel mukavvanın üst ve alt kısımları renkli kağıtlarla süslenebilir.

كُلَّ
كُنَّ
هُنَّ
ثُمَّ
أُمَّ
شُحَّ
صَلِّ
حَقِّ
رَبِّ
جِنُّ
ظِلُّ
صَلِّ
ضَلِّ
ظَنُّ
رَبُّ

## Harfleri Birleştirelim

Mavi bulutları örnekteki gibi birleştirerek gri bulutlardaki kelimeleri oluşturalım.

تَلِّ عَنَّ مَكَّ

كَلَّ بِتِّ يَتِّ

لِّ مَ

نَّ عَ

كَّ ىَ

تِّ تَ

لَّ بِ

تِّ كَ

# Şedde-3

Bu sayfalarda okumayı kolaylaştırmak için benzer kelimeler birlikte verilmiştir.
Ancak istenirse sırayla değil, karışık olarak da okutulabilir.

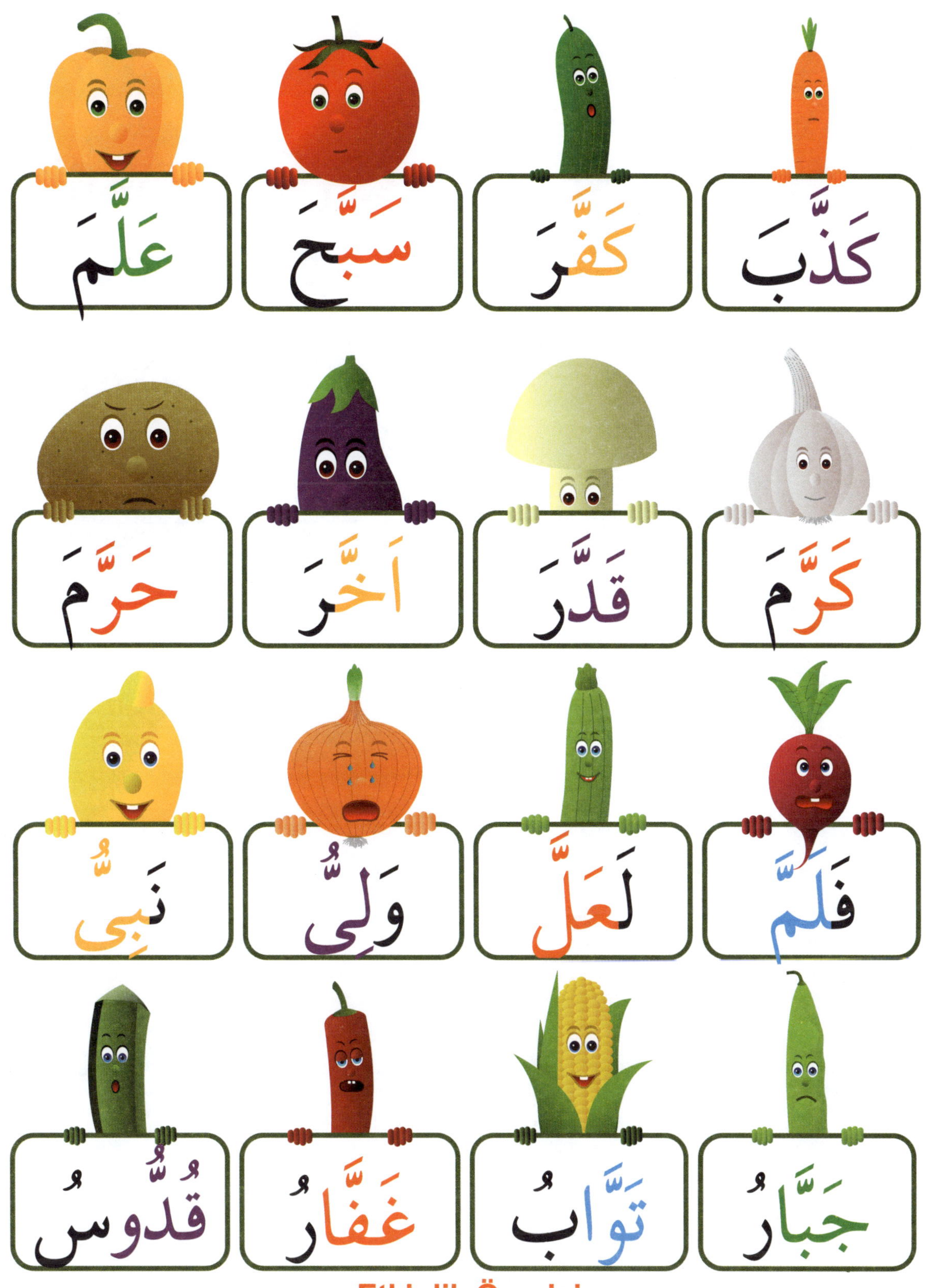


## Etkinlik Önerisi

- Çocuğun ilgisi azalıncaya kadar konuya sayfadan çalışması sağlanmalıdır.
- Sebzeler sepet ya da tencere şekilde kesilen bir mukavvaya yapıştırılabilir, isimleri öğretilebilir.
- Kelimeler zorluk derecesi dikkate alınarak (kitaptaki sıraya göre) mukavvaya yapıştırılmalıdır.
- Çocuğun yüz ifadelerini (mutlu, üzgün, kızgın, şaşkın, korkmuş) bulup okuması istenebilir.

# Meyve ve Sebzeleri Düzenleyelim

Önce meyve ve sebzeleri gölgeleriyle eşleştirelim.
Sonra meyve ve sebzeleri renklerine uygun sepetlere koyalım.
Meyve ve sebzeleri sepetlere yerleştirirken sepetlerin üzerindeki kelimeleri okuyalım.
Sepete koyduğumuz meyve ve sebzelerin toplam sayısını sepetin üzerine yazalım.

## Çeker İşareti 

Çeker işareti, üzerine geldiği ince harfi “e-a” arası bir sesle, kalın harfi “a” sesiyle bir kez elif diyecek kadar uzatır. Harfin altında ise “i” sesiyle uzatır. Kelimeler ok yönünde okutulmalıdır.

اٰمَنَ اٰدَمَ اٰخَرَ

اٰيَاتِ اٰفَاقِ اٰذَانِ اٰثَارِ مَاٰبَ

اٰلِهَ اٰزِفَ اٰكِلَ اٰنِفَ ذٰلِكَ

بَلٰى كَفٰى شَفٰى عَفٰى رَاٰى

بِهٖ لِهٖ هٰذِهٖ دُونِهٖ

اٰتُو اٰمَنُو

## Arıyı Peteğe Ulaştıralım

Arı kovana girip peteğe ulaşmak istiyor. Ancak kovanın içerisinde yollar çok karışık. Onu peteğe ulaştıralım. Geçitlerden geçebilmek için kelimeleri okumamız gerektiğini unutmayalım.

# Med İşareti ~

Med işareti, üzerine geldiği ince harfi "e-a" arası bir sesle, kalın harfi "a" sesiyle dört kez elif diyecek kadar uzatır.

Kelimeler okla gösterilen sırayla okutulmalıdır.

# İki Üstün (Tenvin)-1

İki üstün işareti, üzerine geldiği açık yeşille gösterilen harfleri “en”, koyu yeşille gösterilen harfleri “an” sesiyle okutur. Birkaç harfin nasıl okunacağı gösterilmeli, diğerlerinin okunuşunu çocuğun keşfetmesi sağlanmalıdır.

| | | | | |
|---|---|---|---|---|
| تًا | بًا | أً | İki üstün öğretilirken<br>“iki şapka” olarak adlandırılabilir. | |
| دًا | خًا | حًا | جًا | ثًا |
| شًا | سًا | زًا | رًا | ذًا |
| عًا | ظًا | طًا | ضًا | صًا |
| لاً | كًا | قًا | فًا | غًا |
| يًا | هًا | وًا | نًا | مًا |

## Köstebeğe Yardım Edelim

Köstebek yavrusuna harfleri öğretmek istiyor. Ama yolu bulamıyor.
Harfleri alıp yavrusuna götürmesi için ona yardım edelim.

## İki Üstün (Tenvin)-2

Bu sayfalarda okumayı kolaylaştırmak için benzer kelimeler birlikte verilmiştir.
Ancak istenirse sırayla değil, karışık olarak da okutulabilir.

| أَسًا | دَسًا | كَمًا |
|---|---|---|
| لِمًا | بِمًا | لِوًا |
| سُلاً | فُلاً | هُدًا |
| حَاقًا | طَاقًا | ذَاتًا |
| دِينًا | حِينًا | فِيظًا |
| لُوطًا | عُوجًا | رُوحًا |

| | | |
|---|---|---|
| اَجْرًا | اَهْدًا | اَوْدًا |
| قَوْلاً | اَمْلاً | اَمْرًا |
| مِصْرًا | فَتْحًا | قَوْمًا |
| حَبًّا | شَقًّا | حَقًّا |
| صَفًّا | بَسًّا | رَبًّا |
| كُلًّا | حِلًّا | مِلًّا |

## Hayvanları Yavrularına Ulaştıralım

Hayvanları kaybettikleri yavrularına ulaştıralım.
Sonra da hayvan ve yavrusunun önlerinde yazan kelimeleri birleştirerek okuyalım.

## Süsleri Yerlerine Yerleştirelim

Yazı tahtamızın süslerinden bazıları yere düşmüş. Onları çizerek doğru yerlere yerleştirelim. Sonra da tahtada yazan kelimeleri okuyalım.

## İki Üstün (Tenvin)-3

Bu sayfalarda okumayı kolaylaştırmak için benzer kelimeler birlikte verilmiştir.

## Etkinlik Önerisi

- Konuyla ilgili sayfalara yeterince çalışılıp çocuğun ilgisi azalmaya başladığında hayvanlar kesilip arkasına mukavvaya yapıştırılarak bir süre bunlarla çalışması sağlanabilir.
- Daha sonra bu hayvanlar geniş bir mukavvaya, ayakta duracak şekilde yapıştırılarak bir hayvanat bahçesi oluşturulabilir ve bir süre de bu şekilde çalışılabilir. Hayvanat bahçesi ağaçlarla ve çiçeklerle süslenebilir.
- Farklı bir etkinlik olarak bir mukavva gemi şeklinde kesilerek hayvanlar üzerine yapıştırılabilir ve böylece Hz. Nuh'un gemisi oluşturulabilir.
- Kelimeler sağdan sola ve kolaydan zora doğru (kitaptaki sıraya göre) yapıştırılmalı ve okutulmalıdır.

## Hayvanlara Yardım Edelim

Hayvanlar yiyecek aramak için evlerinden çıkmışlar. Yiyeceklerini bulup tekrar evlerine dönmeleri için onlara yardım edelim. Evlerine girebilmeleri için önce kelimeleri okumaları gerekiyor.

# İki Esre (Tenvin)-1 

İki esre işareti, altına geldiği harfi "in" sesiyle okutur. Kalın harflerde "in" daha kalın okunur. Harfleri boyayalım. Birkaç harfin nasıl okunacağı gösterilip, diğerlerini çocuğun keşfetmesi sağlanmalıdır.

| | | | | |
|---|---|---|---|---|
| تٍ | بٍ | إٍ | İki esre öğretilirken "iki ayakkabı" olarak adlandırılabilir. | |
| دٍ | خٍ | حٍ | جٍ | ثٍ |
| شٍ | سٍ | زٍ | رٍ | ذٍ |
| عٍ | ظٍ | طٍ | ضٍ | صٍ |
| لٍ | كٍ | قٍ | فٍ | غٍ |
| يٍ | هٍ | وٍ | نٍ | مٍ |

## Ağaçtaki Kediyi Kurtaralım

İtfaiye aracı ile ağaçtaki kediyi kurtarıp hareket ettiğimiz yere geri dönelim. Giderken ve dönerken trafik levhalarındaki harfleri okumaya ve aynı yollardan tekrar geçmemeye dikkat edelim.

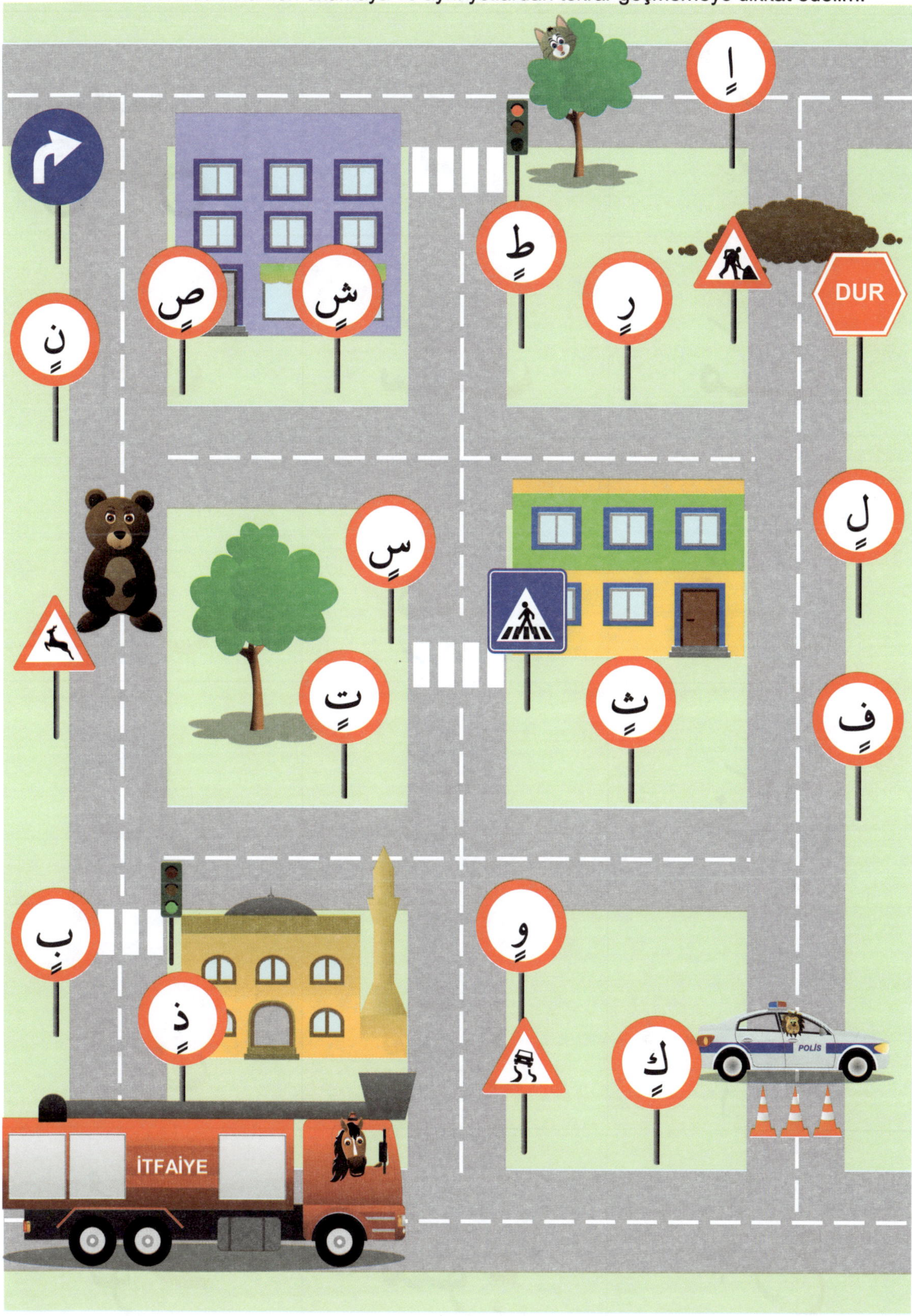

# İki Esre (Tenvin)-2

Bu sayfalarda okumayı kolaylaştırmak için benzer kelimeler birlikte verilmiştir.
Ancak istenirse sırayla değil, karışık olarak da okutulabilir.

| | | |
|---|---|---|
| نَوٍ | دَوٍ | اَوٍ |
| مَتٍ | سَتٍ | اَتٍ |
| فِشٍ | دِشٍ | اِشٍ |
| خَالٍ | قَالٍ | مَالٍ |
| جِينٍ | سِينٍ | دِينٍ |
| جُوعٍ | سُوءٍ | لُوطٍ |

| | | |
|---|---|---|
| حَمْرٍ | حَمْلٍ | حَمْدٍ |
| خَلْقٍ | نَفْسٍ | نَفْيٍ |
| قَلْبٍ | جَهْدٍ | نَهْرٍ |
| اَسٍّ | اَوٍّ | اَبٍّ |
| اُفٍّ | حَظٍّ | رَبٍّ |
| سُنَّةٍ | اُمَّةٍ | جَنَّةٍ |

## Arabayı Parka Ulaştıralım

Sayfanın altındaki trafik levhalarını okla gösterilen sırayla takip ederek, gideceğimiz yolu kalemle çizelim ve arabayı oyun parkına ulaştıralım. Sonra da geçtiğimiz yollardaki kelimeleri okuyalım.

# İki Esre (Tenvin)-3

Bu sayfalarda okumayı kolaylaştırmak için benzer kelimeler birlikte verilmiştir.

## Etkinlik Önerisi

- Konuyla ilgili sayfalara yeterince çalışıldıktan sonra, lokomotif ve vagonlar kesilip arkasına mukavva yapıştırılabilir ve birbirine bağlanabilir. Çocuğun bir süre de bu şekilde çalışması sağlanmalıdır.
- Kelimeler sağdan sola ve kolaydan zora doğru (kitaptaki sıraya göre) yapıştırılmalı ve okutulmalıdır.

## İki Ötre (Tenvin)-1 

İki ötre işareti, üzerine geldiği harfi "un" sesiyle okutur. İnce harflerde "un" daha ince okunur. Harfleri boyayalım ve okuyalım. Harflerden birkaçının okunuşu gösterilip, diğerlerini çocuğun keşfetmesi sağlanabilir.

| | | | | |
|---|---|---|---|---|
| تٌ | بٌ | أٌ | İki ötre öğretilirken "iki kurdele" olarak adlandırılabilir. | |
| دٌ | خٌ | حٌ | جٌ | ثٌ |
| شٌ | سٌ | زٌ | رٌ | ذٌ |
| عٌ | ظٌ | طٌ | ضٌ | صٌ |
| لٌ | كٌ | قٌ | فٌ | غٌ |
| ىٌ | هٌ | وٌ | نٌ | مٌ |

## Bebeği Oyuncaklara Ulaştıralım

Mavi-sarı-kırmızı renk örüntüsünü takip ederek bebeği oyuncaklara ulaştıralım.
İzlediğimiz yolu çizerek gösterelim ve sonra da yol üzerindeki harfleri okuyalım.

| | | | | | | | | |
|---|---|---|---|---|---|---|---|---|
| | | | | قُ | بُ | غُ | وُ | فُ |
| | | وُ | نُ | مُ | سُ | شُ | غُ | هُ |
| كُ | أُ | بُ | زُ | شُ | فُ | صُ | عُ | شُ |
| لُ | زُ | ثُ | رُ | طُ | ذُ | دُ | زُ | ذُ |
| حُ | ىُ | سُ | وُ | عُ | ظُ | طُ | ضُ | لُ |
| زُ | أُ | دُ | قُ | تُ | بُ | أُ | سُ | غُ |
| طُ | هُ | كُ | خُ | حُ | هُ | دُ | فُ | ىُ |
| نُ | وُ | جُ | ضُ | لُ | كُ | قُ | | |
| ىُ | هُ | وُ | مُ | | | | | |

# İki Ötre (Tenvin)-2

Bu sayfalarda okumayı kolaylaştırmak için benzer kelimeler birlikte verilmiştir.
Ancak istenirse sırayla değil, karışık olarak da okutulabilir.

| | | |
|---|---|---|
| صَادٌ | شَادٌ | عَادٌ |
| قَامٌ | رَامٌ | دَامٌ |
| وٖيبٌ | خٖيبٌ | زٖيبٌ |
| لٖيمٌ | شٖيمٌ | فٖيمٌ |
| سُولٌ | قُولٌ | طُولٌ |
| دُوىٌ | غُوىٌ | عُوىٌ |

| | | |
|---|---|---|
| هَيْل | زَيْل | وَيْل |
| فَلْق | طَلْق | خَلْق |
| لُكْم | بُكْم | حُكْم |
| اَثّ | اَتّ | اَبّ |
| فَقّ | شَقّ | حَقّ |
| ظُلّ | حُلّ | كُلّ |

## Haydi Oynayalım

Bu oyunu birkaç arkadaşımızla oynayabiliriz.
Kalemimizi biraz yüksekten aşağıdaki şeklin üzerine bırakalım.
Kalemin nokta bıraktığı yerdeki kelimeyi okuyalım ve puanımızı kazanalım.
Nokta koyma işlemini gözümüzü kapatıp kalemimizle şekli işaretleyerek de yapabiliriz.
Bakalım kim daha çok puan kazanacak.

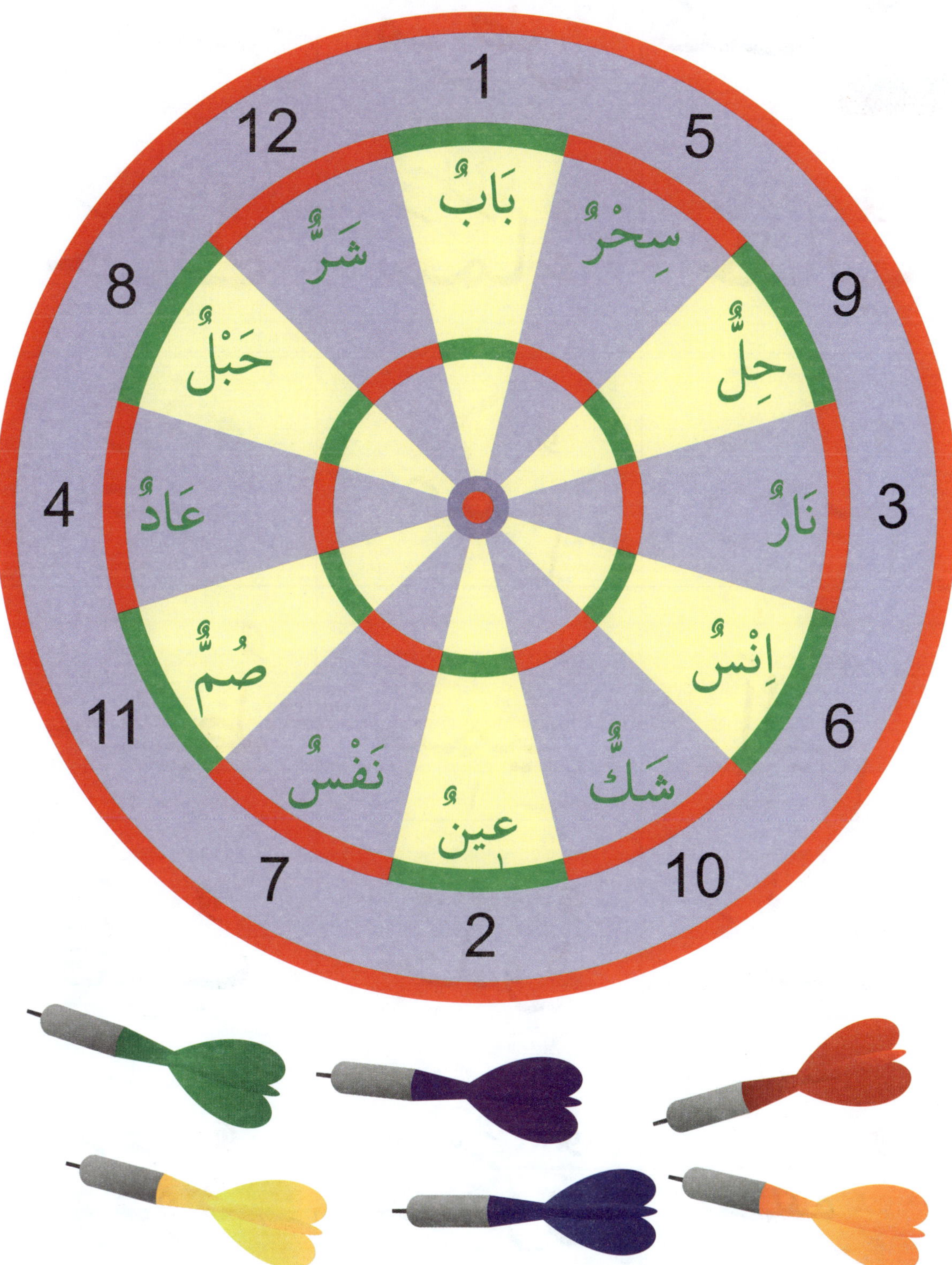

# İki Ötre (Tenvin)-3

Bu sayfalarda okumayı kolaylaştırmak için benzer kelimeler birlikte verilmiştir.

| | | |
|---|---|---|
| كُتُبٌ | مَرَضٌ | حَسَنٌ |
| عَذَابٌ | سَمَاءٌ | حَيَاتٌ |
| رَحِيمٌ | عَلِيمٌ | حَلِيمٌ |
| اَلِيمٌ | سَمِيعٌ | حَفِيظٌ |
| رَسُولٌ | حُدُودٌ | قُلُوبٌ |
| غَفُورٌ | شَكُورٌ | وَدُودٌ |

## Oyuncakları Kelimelere Ulaştıralım

Oyuncaklar kelimeleri okumak istiyorlar. Kalemle çizgilerin üzerinden giderek oyuncakları kelimelere ulaştıralım ve kelimeleri okutalım.

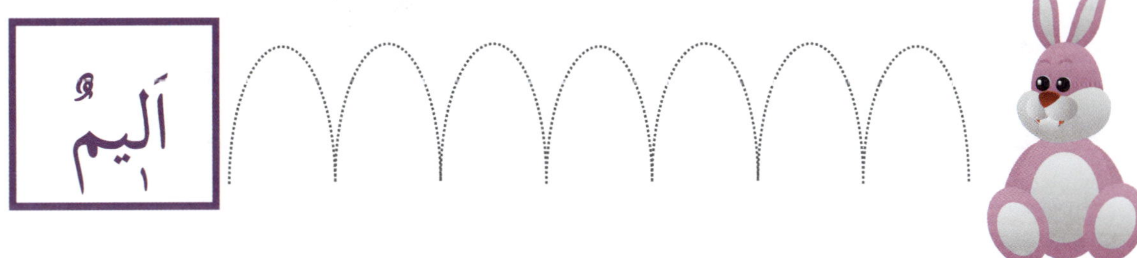

## Elif Lam Takısı-1 

( ا ل ) harflerinden harekesi olanlar okunur, harekesiz olanlar ise okunmaz.

Çocuğun dikkati ilk aşamada renklere çekilmelidir. Renkli harflerin okunacağı, gri olan harflerin okunmayacağı söylenmelidir.

| كَالْ | وَالْ | اَلْ |
| --- | --- | --- |
| مَ الْ | لَى الْ | ذَا الْ |
| ذُو الْ | فِالْ | بِالْ |
| عَلَى الْ | هٰذَا الْ | هُ الْ |
| اِلَى الْ | هُمُ الْ | بِهِ الْ |
| لَهُ الْ | هُوَ الْ | مِنَ الْ |

## Deniz Canlılarını Boyayalım

**Renkli taşların üzerindeki kelimeleri okuyalım ve aynı kelimeye sahip deniz canlısını bulup taşın rengine boyayalım.**

## Balık Yapalım

- Sonraki sayfalarda verilen balığın pullarını kesip balığın gövdesine yapıştıralım ve pulların üzerindeki kelimeleri okuyalım.
- Uygulamanın tamamlanmış hali aşağıdaki gibi olmalıdır:

- Benzer bir uygulamanın tamamlanmış hali aşağıdaki gibidir.

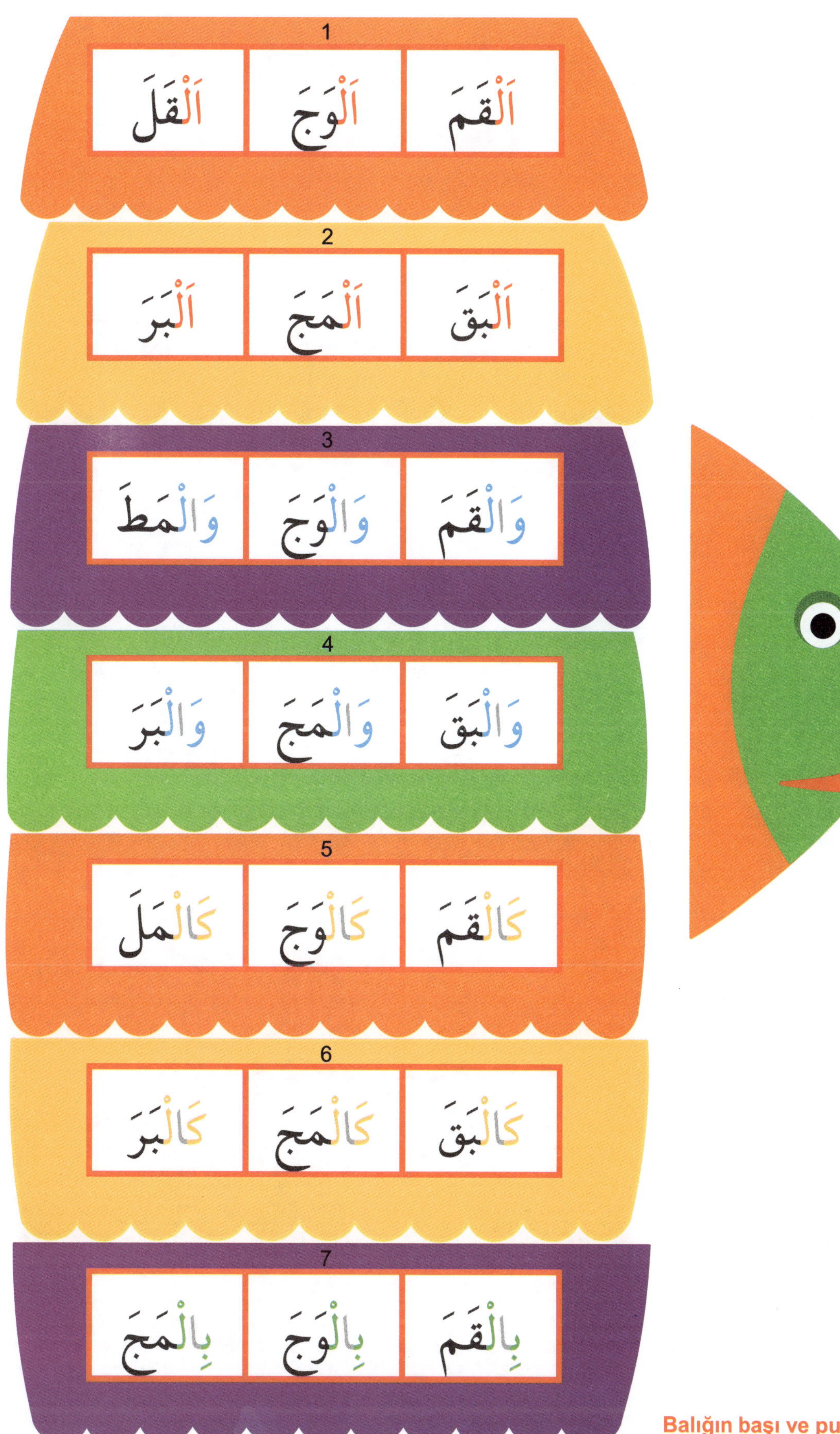


**Balığın başı ve pulları**

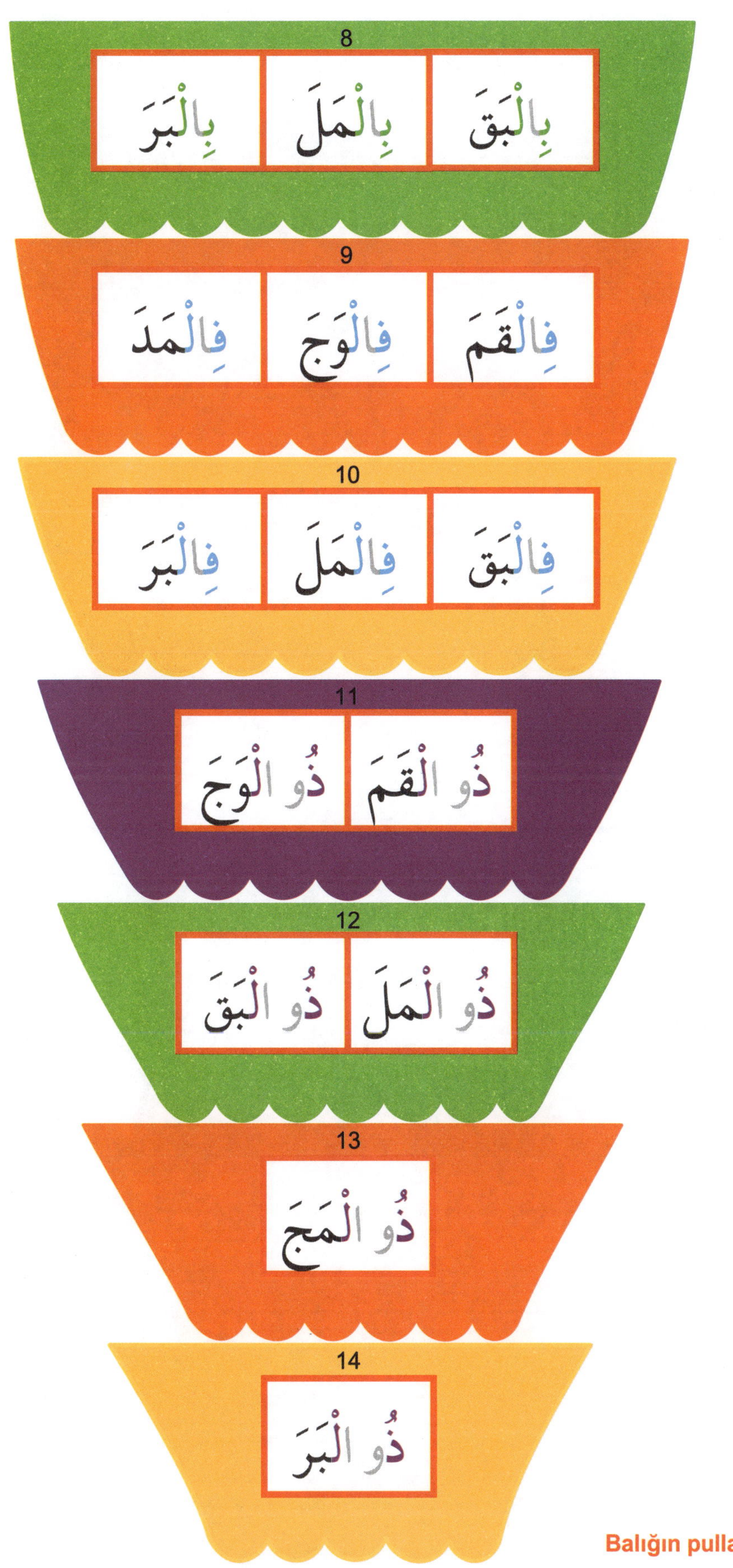


**Balığın pulları**

# Etkinlik Önerisi

Balığın gövdesini oluşturacak mukavvanın şekli yanda verilmiştir. Önceki iki sayfada verilen başı ve pulları numaralarına dikkat edilerek mavi çizgi ile gösterilen yerlere dikilmeli ya da yapıştırılmalıdır.

Pulların kitap sayfası gibi açılabilir olmasına ve içindeki kelimelerin okunabilmesine dikkat edilmelidir.

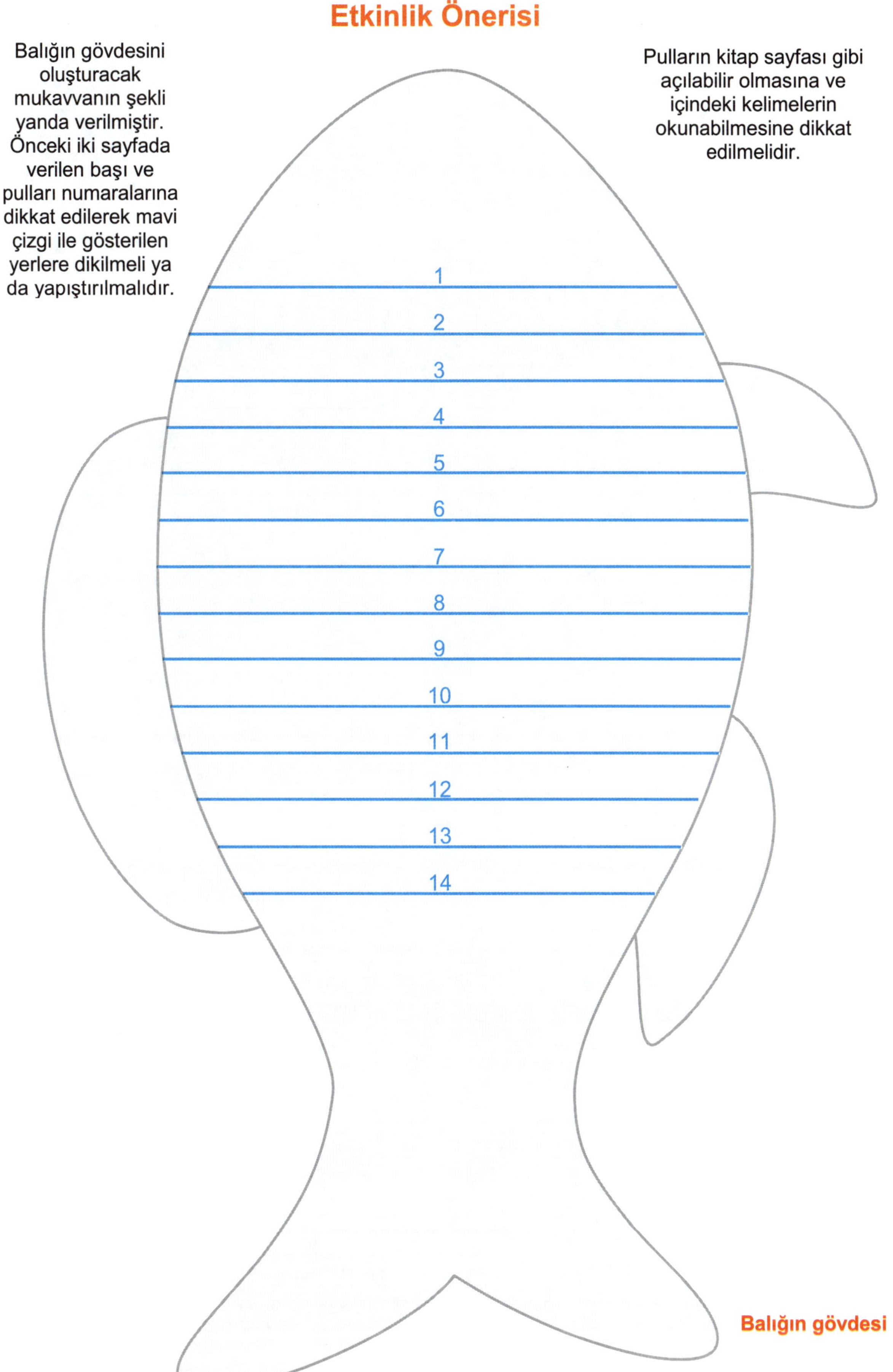


**Balığın gövdesi**

| | | |
|---|---|---|
| اَلْقَمَرُ | اَلْقَلَمُ | اَلْمَلَكُ |
| وَالْقَمَرُ | وَالْقَلَمُ | وَالْمَلَكُ |
| بِالْقَمَرُ | بِالْقَلَمُ | بِالْمَلَكُ |
| فِى الْقَمَرُ | فِى الْقَلَمُ | فِى الْمَلَكُ |
| ذُوالْقَمَرُ | ذُوالْقَلَمُ | ذُوالْمَلَكُ |
| هٰذَاالْقَمَرُ | هٰذَاالْقَلَمُ | هٰذَاالْمَلَكُ |

## Balıkları Gölgeleriyle Eşleştirelim

Balıkları gölgeleriyle eşleştirelim ve oluşan kelimeleri taşların üzerinde bulup yuvarlak içine alalım.

## Elif Lam Takısı-2

( ال ) harflerinden harekesi olanlar okunur, harekesiz olanlar ise okunmaz.

Çocuğun dikkati ilk aşamada renklere çekilmelidir. Renkli harflerin okunacağı, gri olan harflerin okunmayacağı söylenmelidir.

| | | |
|---|---|---|
| اَلسَّ | اَلشَّ | اَلنَّ |
| اَلزَّ | اَلرَّ | اَلصَّ |
| وَالزَّ | وَالرَّ | وَاللَّ |
| وَالسِّ | وَالشِّ | وَالطُّ |
| اَلسَّا | اَلشَّا | اَلنَّا |
| وَالنُّو | وَالطُّو | وَالرُّو |

## Aynı Kelimeleri Gruplandıralım

Aynı olan kelimeleri bulup yuvarlak içine alarak ikişerli gruplandıralım.
Sonra da resmin boyanması gereken yerlerini boyayalım.

## Etkinlik Önerisi

Bu sayfada verilenler önceki etkinlikte oluşturulan balığın diğer yüzeyine numaralarına dikkat edilerek dikilmeli ya da yapıştırılmalıdır. Pulların kitap sayfası gibi açılabilir olmasına ve içindeki kelimelerin okunabilmesine dikkat edilmelidir.

1

| | | |
|---|---|---|
| اَلسَّمَ | اَلشَّجَ | اَلنَّهَ |

2

| | | |
|---|---|---|
| اَلزَّكَ | اَلرَّفَ | اَلصَّدَ |

3

| | | |
|---|---|---|
| اَلسَّلَ | اَلشَّمَ | اَلصَّدَ |

4

| | | |
|---|---|---|
| وَالسَّمَ | وَالشَّجَ | وَالنَّهَ |

5

| | | |
|---|---|---|
| وَالزَّكَ | وَالرَّفَ | وَاللَّىَ |

6

| | | |
|---|---|---|
| وَالسَّلَ | وَالشَّمَ | وَالصَّدَ |

7

| | | |
|---|---|---|
| بِالسَّمَ | بِالسَّوَ | بِالشَّفَ |

**Balığın diğer yüzeyinin başı ve pulları**

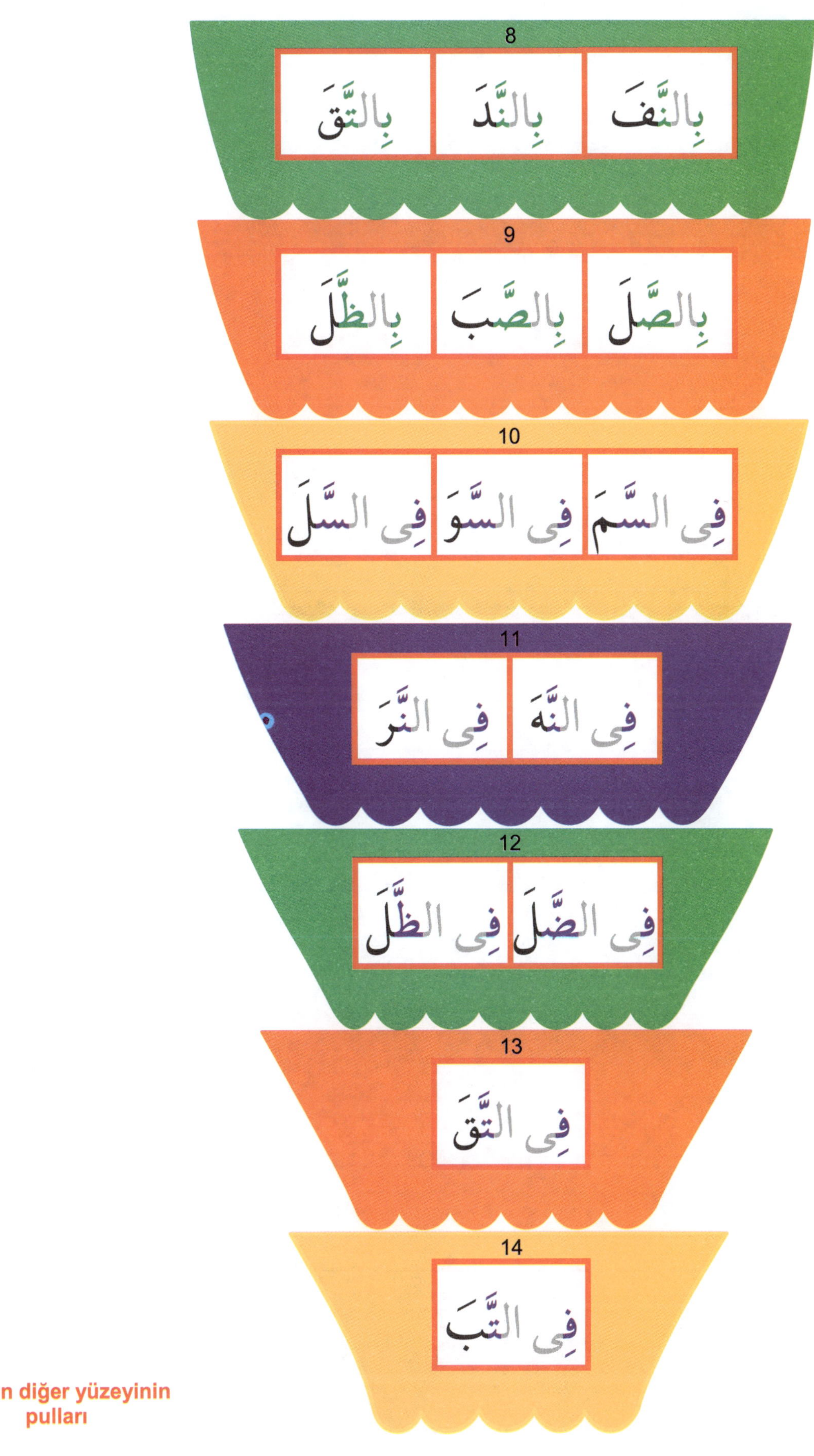


**Balığın diğer yüzeyinin pulları**

| | | |
|---|---|---|
| اَلنَّاسَ | اَلنَّارَ | اَلدَّارَ |
| وَالنَّاسَ | وَالنَّارَ | وَالدَّارَ |
| اَلدّٖينَ | اَلتّٖينَ | اَلرّٖيحَ |
| وَالدّٖينَ | وَالتّٖينَ | وَالرّٖيحَ |
| اَلنُّورَ | اَلطُّورَ | اَلرُّوحَ |
| وَالنُّورَ | وَالطُّورَ | وَالرُّوحَ |

| اَلسَّلَامَ | اَلنَّهَارَ | اَلسَّمَآءَ |
|---|---|---|
| اَلضَّلَالَ | اَلزَّكٰوةَ | اَلصَّلٰوةَ |
| وَالسَّلَامَ | وَالنَّهَارَ | وَالسَّمَآءَ |
| وَالضَّلَالَ | وَالزَّكٰوةَ | وَالصَّلٰوةَ |
| فِى السَّلَامَ | فِى النَّهَارَ | فِى السَّمَآءَ |
| فِى الضَّلَالَ | فِى الزَّكٰوةَ | فِى الصَّلٰوةَ |

## Balıkları Boyayalım

Önce kutulardaki kelimeleri okuyalım.
Sonra kelimelerdeki harfleri sayalım ve altındaki renkli kutulara yazalım.
Son olarak harf sayısı kadar balığı kutunun rengine boyayalım.

| فِى الصُّورِ | وَالضُّحٰى | بِالدّٖينِ | اَلنَّاسَ | وَالنَّ | اَلزَّ |
|---|---|---|---|---|---|
| | | | | | 3 |

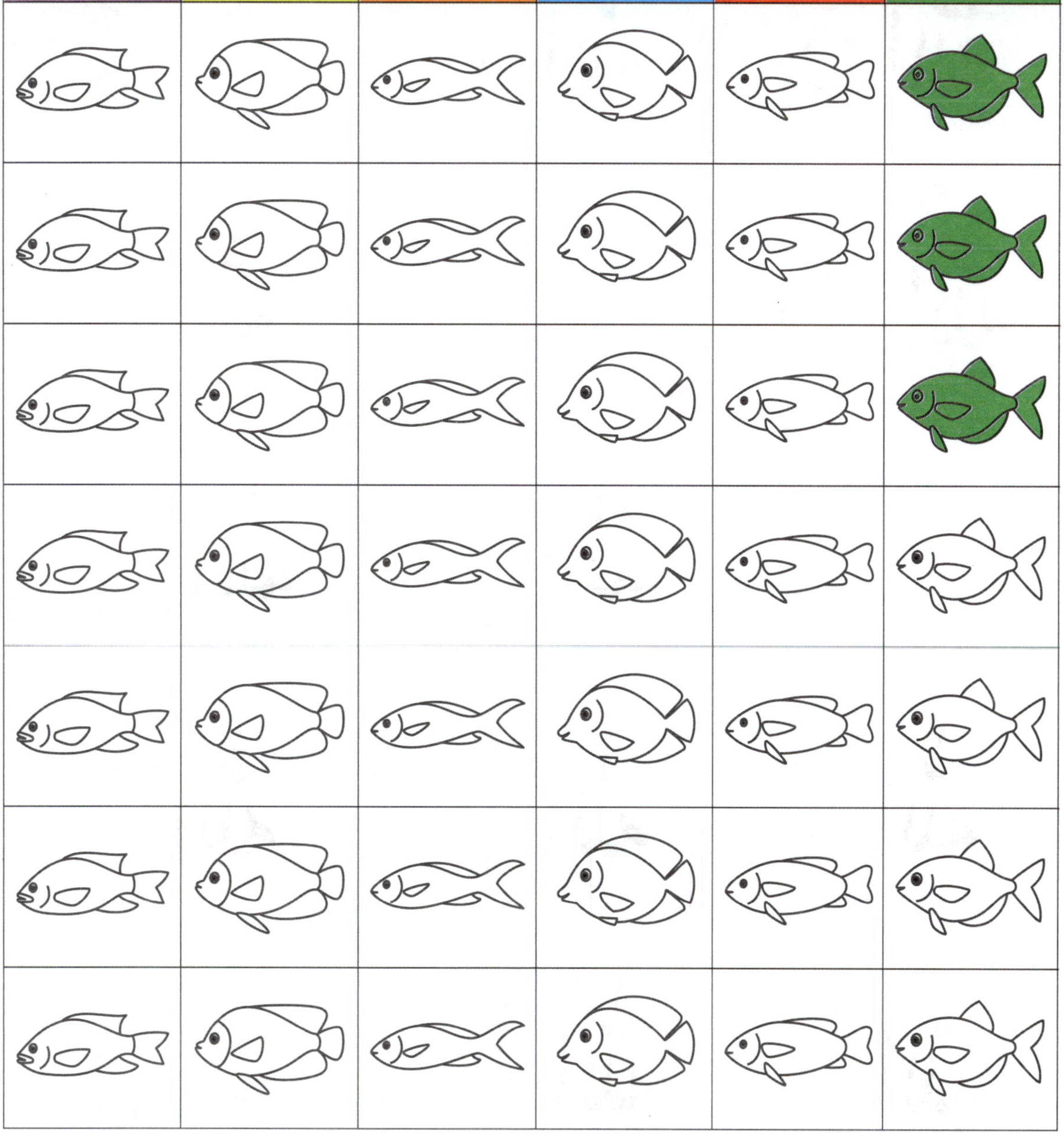

## Allah Lafzı-1 

"Allah" kelimesi, kendinden önceki harf üstün ya da ötreli ise "a" sesiyle kalın okunur (vallâhi, tellâhi gibi). Allah lafzı renkli, kalın okumaya neden olan harf siyahla gösterilmiştir.

| | | |
|---|---|---|
| فَاللّٰهِ | تَاللّٰهِ | وَاللّٰهِ |
| نَ اللّٰهِ | ءَ اللّٰهِ | مَا اللّٰهِ |
| بَ اللّٰهِ | لَ اللّٰهِ | دَ اللّٰهِ |
| قَ اللّٰهُ | رَ اللّٰهُ | ىَ اللّٰهُ |
| دُ اللّٰهِ | نُ اللّٰهِ | مُ اللّٰهِ |
| رُ اللّٰهِ | ةُ اللّٰهِ | لُ اللّٰهِ |

## Kutuları Boyayalım

Allah lafzını kalın okutan üstünlü harfleri griye, ötreli harfleri sarıya boyayalım.
İnce okumaya neden olan esreli harfleri boyamayalım.
Sonra boyadığımız harfleri Allah lafzı ile birleştirerek okuyalım.

<table>
<tr><td colspan="3" rowspan="2">اللّٰهِ</td><td>لِ</td><td>ةِ</td><td>فِ</td><td>نِ</td><td>ظِ</td><td>بِ</td></tr>
<tr><td>قِ</td><td>رِ</td><td>دِ</td><td>هِ</td><td>ضِ</td><td>سِ</td></tr>
<tr><td>ثِ</td><td>ثَ</td><td>قَ</td><td>تَ</td><td>وَ</td><td>رَ</td><td>مَ</td><td>غَ</td><td>ةِ</td></tr>
<tr><td>حِ</td><td>مُ</td><td>نُ</td><td>لُ</td><td>ةُ</td><td>رُ</td><td>قُ</td><td>دُ</td><td>رِ</td></tr>
<tr><td>يِ</td><td>صَ</td><td>هُ</td><td>سُ</td><td>نَ</td><td>صَ</td><td>ءَ</td><td>ضَ</td><td>نِ</td></tr>
<tr><td>ةِ</td><td>سَ</td><td>قُ</td><td>خُ</td><td>فَ</td><td>هَ</td><td>نَ</td><td>مَ</td><td>تِ</td></tr>
<tr><td>قِ</td><td>دَ</td><td>زُ</td><td>ذُ</td><td>تَ</td><td>شَ</td><td>فَ</td><td>لَ</td><td>فِ</td></tr>
<tr><td>لِ</td><td>لَ</td><td>بَ</td><td>كَ</td><td>سَ</td><td>طَ</td><td>عَ</td><td>ةَ</td><td>بِ</td></tr>
<tr><td>تِ</td><td>دِ</td><td>قِ</td><td>كِ</td><td>سِ</td><td>نِ</td><td>رِ</td><td>كِ</td><td>فِ</td></tr>
</table>

## Küçük Hacılara Tavaf Yaptıralım

Kalemimizle çizginin üzerinden giderek küçük hacılara tavaf yaptıralım.

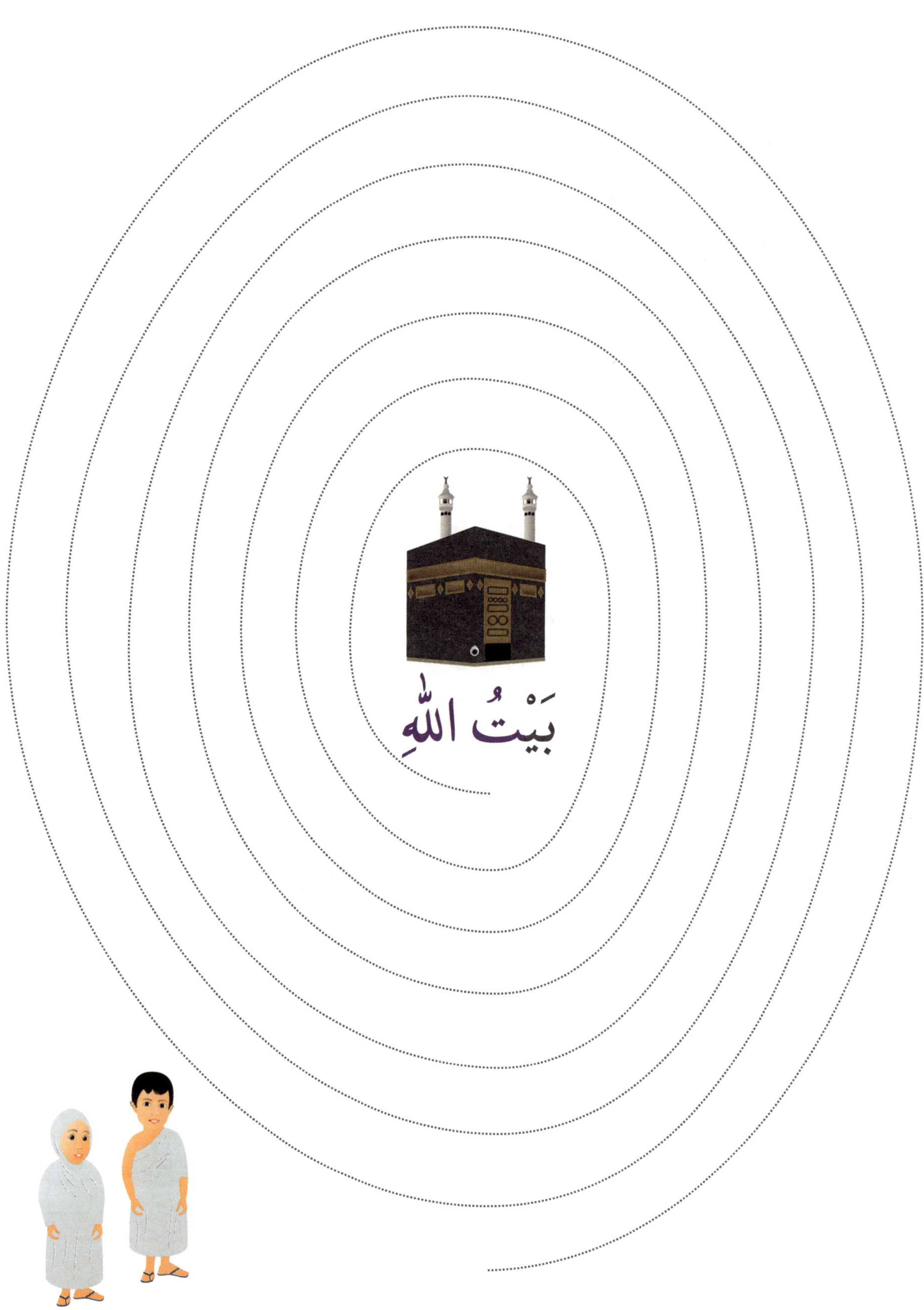

## Etkinlik Önerisi

Karton kutu, mukavva ve renkli kağıtlar kullanılarak bir cami maketi yapılabilir

كَتَبَ اللّٰهُ
صَدَقَ اللّٰهُ
خَتَمَ اللّٰهُ
خَلَقَ اللّٰهُ
شَهِدَ اللّٰهُ
رَضِىَ اللّٰهُ
رَسُولُ اللّٰهِ
حُدُودَ اللّٰهِ
كَلَامَ اللّٰهِ
عِبَادَ اللّٰهِ
اَمْرُ اللّٰهِ
غَيْرُ اللّٰهِ
حُكْمُ اللّٰهِ
فَضْلُ اللّٰهِ
عَبْدُ اللّٰهِ
خَلْقُ اللّٰهِ
عِنْدَ اللّٰهِ
اِنَّ اللّٰهَ

# Allah Lafzı-2

“Allah” kelimesi, kendinden önceki harf esreli ise “e-a” arası sesle ince okunur (billêhi, fillêhi gibi).
Allah lafzı renkli, ince okumaya neden olan harf siyahla gösterilmiştir.

| | | |
|---|---|---|
| لِ اللّٰهِ | فِى اللّٰهِ | بِاللّٰهِ |
| طِ اللّٰهِ | بِ اللّٰهِ | تِ اللّٰهِ |
| دِ اللّٰهِ | مِ اللّٰهِ | نِ اللّٰهِ |
| ضِ اللّٰهِ | هِ اللّٰهِ | رِ اللّٰهِ |
| حِ اللّٰهِ | ءِ اللّٰهِ | ةِ اللّٰهِ |
| شِ اللّٰهِ | يِ اللّٰهِ | سِ اللّٰهِ |

## Kutuları Boyayalım

Allah lafzını ince okutan esreli harfleri yeşile boyayalım.
Kalın okumaya neden olan üstün ve ötreli harfleri boyamayalım.
Sonra boyadığımız harfleri Allah lafzı ile birleştirerek okuyalım.

| اللّٰهِ | | | جَ | عُ | مَ | خَ | ظُ | بَ |
|---|---|---|---|---|---|---|---|---|
| | | | قَ | رِ | وَ | هِ | حُ | سِ |
| ثَ | دَ | زُ | تَ | شِ | رَ | يِ | غَ | ةِ |
| حُ | ظُ | سِ | لُ | ضِ | نُ | دِ | دُ | رِ |
| كَ | صِ | رِ | سَ | نِ | صَ | ءِ | ضَ | نِ |
| ةِ | سُ | لِ | خُ | فِ | هُ | لِ | مَ | تِ |
| قِ | تِ | نِ | ذُ | تِ | شَ | فِ | لَ | فِ |
| لَ | فُ | بِ | هِ | ضِ | طِ | سِ | ذُ | بِ |
| تُ | دُ | قُ | كَ | سَ | نُ | رُ | كَ | فَ |

## Etkinlik Önerisi

Sayfaya çalışıldıktan sonra şekiller kesilip mukavvaya yapıştırılarak manzara resmi oluşturulabilir.

# Mukatta'a Harfleri 

Bu harfler 29 surenin başında bulunur. Harekesiz olarak yazılır ve kendi isimleriyle okunur.
Üzerinde ( ' ) işareti olanlar az uzatılarak, ( ˜ ) işareti olanlar fazla uzatılarak okunur.
Az ve fazla uzatılan harfler farklı renklerde gösterilmiştir.

| نٓ | قٓ | صٓ |
|---|---|---|
| حٰمٓ | يٰسٓ | طٰهٰ |
| الٓرٰ | الٓمٓ | طٰسٓمٓ |
| كٓهٰيٰعٓصٓ | حٰمٓ عٓسٓقٓ | الٓمٓصٓ |

## Şifreleri Çözelim

Aşağıdaki şekilleri örnekteki gibi birleştirerek şifreleri çözelim.

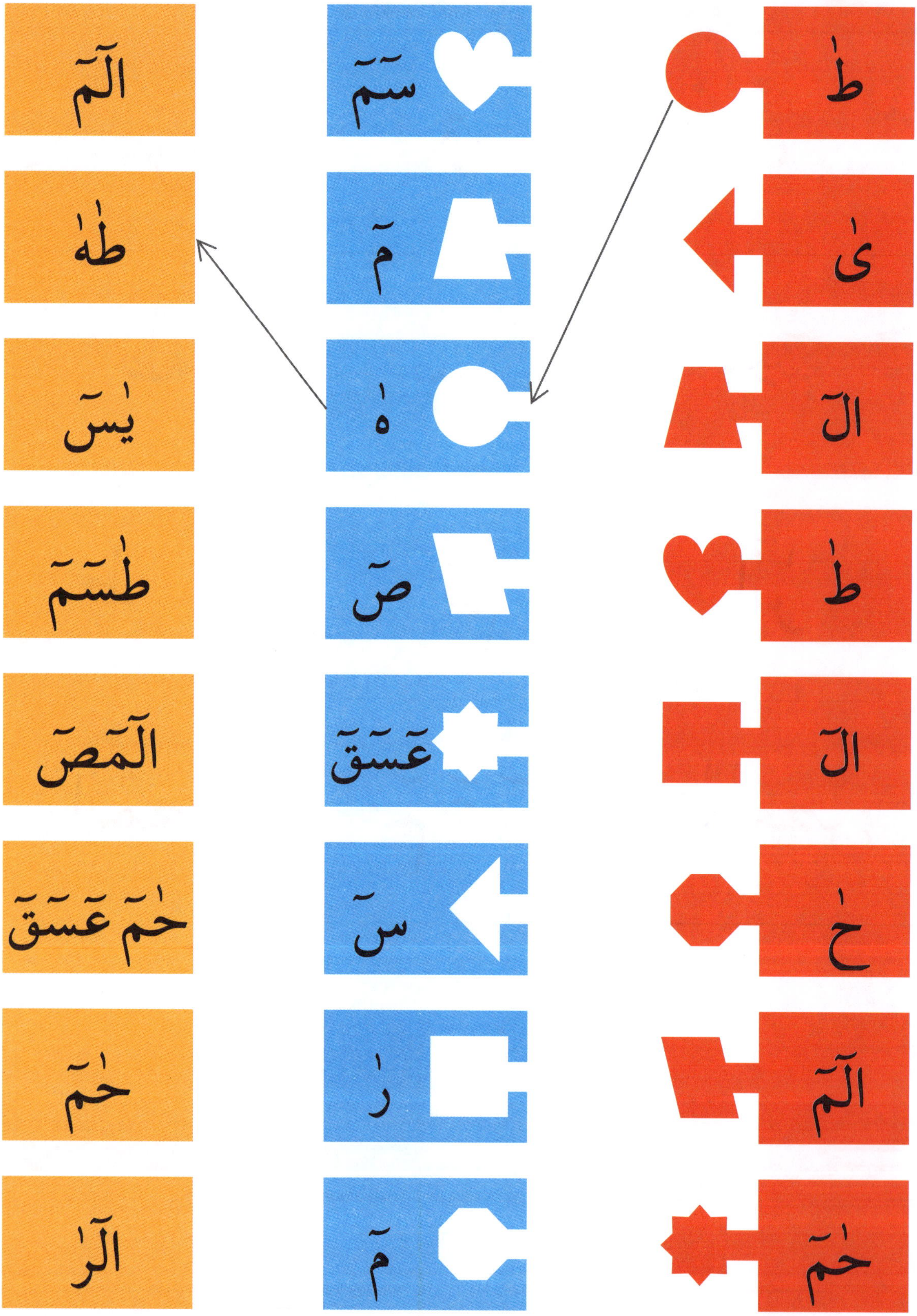

| | | |
|---|---|---|
| الٓمٓ | سٓمٓ | طٰ |
| طٰهٰ | مٓ | يٰ |
| يٰسٓ | هٰ | الٓ |
| طٰسٓمٓ | صٓ | طٰ |
| الٓمٓصٓ | عٓسٓقٓ | الٓ |
| حٰمٓ عٓسٓقٓ | سٓ | حٰ |
| حٰمٓ | رٰ | الٓمٓ |
| الٓرٰ | مٓ | حٰمٓ |

Nihayet yolculuğumuzun sonuna geldik.
Bu yolculukta çok eğlendik ve birçok şey öğrendik.
Artık pastamızı kesebiliriz ve hediye paketlerimizi açabiliriz.
Daha da önemlisi, artık yüce kitabımız Kur'ân-ı Kerîm'i okuyabiliriz.
Öyleyse Kur'ân-ı Kerîm sayfalarında yeni bir yolculuğa hazır mısınız?

Başardın

## BAŞARI BELGESİ

.................................................... Elif Be eğitimini başarıyla tamamlayarak Kur'an-ı Kerim okumaya başlamış ve bu belgeyi almaya hak kazanmıştır.

..../..../........


## BAŞARI BELGESİ

.................................................... Elif Be eğitimini başarıyla tamamlayarak Kur'an-ı Kerim okumaya başlamış ve bu belgeyi almaya hak kazanmıştır.

..../..../........